Die Behandlung negativer Kapitalkonten bei doppelstöckigen Personengesellschaften

Europäische Hochschulschriften
Publications Universitaires Européennes
European University Studies

Reihe II

Rechtswissenschaft

Série II   Series II
Droit
Law

Bd./Vol. 4469

PETER LANG

Frankfurt am Main · Berlin · Bern · Bruxelles · New York · Oxford · Wien

Stefan Paul

Die Behandlung negativer Kapitalkonten bei doppelstöckigen Personengesellschaften

PETER LANG
Europäischer Verlag der Wissenschaften

Bibliografische Information der Deutschen Nationalbibliothek
Die Deutsche Nationalbibliothek verzeichnet diese Publikation
in der Deutschen Nationalbibliografie; detaillierte bibliografische
Daten sind im Internet über <http://www.d-nb.de> abrufbar.

Zugl.: Berlin, Humboldt-Univ., Diss., 2006

Gedruckt auf alterungsbeständigem,
säurefreiem Papier.

11
ISSN 0531-7312
ISBN 3-631-55671-3

© Peter Lang GmbH
Europäischer Verlag der Wissenschaften
Frankfurt am Main 2007
Alle Rechte vorbehalten.

Printed in Germany 1 2 3 4 5 7

www.peterlang.de

Mein besonderer Dank gilt

Herrn Professor Dr. Thomas Stapperfend

für die exzellente Betreuung meines Promotionsvorhabens

sowie Herrn Professor Dr. Markus Heintzen

für die zügige Erstellung des Zweitgutachtens.

Berlin, im Mai 2006

Stefan Paul

6

Gliederung

Zweiter Abschnitt:
Zur allgemeinen Problematik der Behandlung negativer Kapitalkonten
beschränkt haftender Gesellschafter im Einkommensteuerrecht 36

8

Abkürzungsverzeichnis

a.A. .... anderer Ansicht

ABl. .... Amtsblatt

Abs. .... Absatz

AfA .... Absetzung für Abnutzung

AG .... Die Aktiengesellschaft (Zeitschrift)

Anm. .... Anmerkung

AO .... Abgabenordnung

Art. .... Artikel

Az. .... Aktenzeichen

BB .... Betriebs-Berater

BBK .... Buchführung - Bilanz - Kostenrechnung,
Zeitschrift für das gesamte Rechnungswesen

Bd. .... Band

Beck PersGes-HB .... Beck'sches Handbuch der Personengesellschaften

BeSt .... Beratersicht zur Steuerrechtsprechung

BFH .... Bundesfinanzhof

BFH/NV .... Sammlung amtlich nicht veröffentlichter
Entscheidungen des Bundesfinanzhofes

BFHE .... Entscheidungen des Bundesfinanzhofes

BGB .... Bürgerliches Gesetzbuch

BGBl	Bundesgesetzblatt
BGH	Bundesgerichtshof
BGHZ	Entscheidungen des Bundesgerichtshofs in Zivilsachen
BiRiLiG	Bilanzrichtlinien-Gesetz
BMF	Bundesministerium der Finanzen
BStBl	Bundessteuerblatt
BT-Drs.	Bundestagsdrucksache
BVerfG	Bundesverfassungsgericht
BVerfGE	Entscheidungen des Bundesverfassungsgerichts
bzw.	beziehungsweise
DB	Der Betrieb
Diss.	Dissertation
DStjG	Deutsche Steuerjuristische Gesellschaft (Tagungsband)
DStR	Deutsches Steuerrecht
DStZ	Deutsche Steuer-Zeitung
EFG	Entscheidungen der Finanzgerichte
EStB	Der Ertragsteuerberater
EStDV	Einkommensteuer-Durchführungsverordnung
EStG	Einkommensteuergesetz

14

i.V.m.	in Verbindung mit
IdW	Institut der Wirtschaftsprüfer in Deutschland e.V.
INF	Die Information für Steuerberater und Wirtschaftsprüfer
insb.	insbesondere
JbFfSt	Jahrbuch der Fachanwälte für Steuerrecht
KFR	Kommentierte Finanzrechtsprechung
KG	Kommanditgesellschaft
KÖSDI	Kölner Steuer-Dialog
KStG	Körperschaftsteuergesetz
KStR	Körperschaftsteuerrichtlinien
M.posten	Merkposten
m.w.N.	mit weiteren Nachweisen
NJW	Neue Juristische Wochenschrift
Nr.	Nummer
NWB	Neue Wirtschafts-Briefe
öEStG	österreichisches Einkommensteuergesetz
OFD	Oberfinanzdirektion
OG	Obergesellschaft
OGter	Obergesellschafter
OHG	Offene Handelsgesellschaft

16

Vfg. .... Verfügung

vgl. .... vergleiche

Wpg .... Die Wirtschaftsprüfung

ZIP .... Zeitschrift für Wirtschaftsrecht und Insolvenzpraxis

Einführung

Die Personengesellschaft ist eine „schillernde Rechtsfigur"[1] und die Besteuerung ihrer Gesellschafter nicht unproblematisch. Nach unserer Rechtsordnung handelt es sich bei Personengesellschaften nicht um uneingeschränkt rechtsfähige juristische Personen - daran anknüpfend werden sie weder als Subjekte der Einkommen- noch der Körperschaftsteuer behandelt[2]. Subjekte der Besteuerung sind vielmehr ihre Gesellschafter. Sie unterliegen, soweit es sich um natürliche Personen handelt, grundsätzlich der Einkommensteuer (§ 1 EStG), soweit es sich um juristische Personen handelt, grundsätzlich der Körperschaftsteuer (§ 1 KStG). Während nach der inzwischen aufgegebenen „Bilanzbündeltheorie" Personengesellschaften einkommensteuerlich überhaupt nicht existierten und man vielmehr die Vorstellung hegte, jeder einzelne Mitunternehmer führe für sich einen eigenen (seinem Anteil an der Gesellschaft entsprechenden) Gewerbebetrieb, hat sich inzwischen vor dem Hintergrund zahlreicher praktischer Probleme die so genannte „Einheitstheorie" durchgesetzt[3]. Personengesellschaften werden hiernach insoweit als selbständige Steuersubjekte behandelt, als sie bestimmte für die Besteuerung relevante Merkmale erfüllen, die dann den Gesellschaftern zugerechnet werden. Personengesellschaften sind demnach Steuersubjekte der Gewinnerzielung und -ermittlung: Die Gesellschaft erwirtschaftet zunächst einen eigenen Gewinn oder Verlust, der bei ihr ermittelt und sodann ihren Gesellschaftern zugerechnet wird. Die vorliegende Untersuchung behandelt eine der zahlreichen Fragen aus dem Problemkomplex rund um den Dualismus zwischen Einheit der Personengesellschaft als Subjekt der Einkunftserzielung und -ermittlung auf der einen und der Vielheit der Gesellschafter als Subjekte der Besteuerung auf der anderen Seite. Es geht um die Behandlung negativer Kapitalkonten in doppelstöckigen Personengesellschaften.

Die Frage ist praxisrelevant: Sowohl mittelständische Unternehmen als auch Holding-Konstruktionen sind häufig in Form doppel- oder mehrstöckiger Personengesellschaften strukturiert[4]. Wer als Mittelständler in verschiedenen Sparten am Markt agiert, tut dies aus Haftungsgründen nicht selten in separaten Gesellschaften, die zentral von einer (Familien-) Holding gehalten werden. Oft anzutreffen ist - wohl im Interesse einer Bündelung von Stimmrechten oder Bin-

---

[1] *Tipke*, StuW 1978, 193.
[2] Anders im Bereich der Gewerbesteuer (§ 5 Abs. 1 Satz 3 GewStG) oder der Verkehrsteuern: Umsatzsteuer (§ 2 Abs. 1 UStG), Grunderwerbsteuer (§ 13 GrEStG).
[3] Ihren Abschluss fand die Abkehr von der Bilanzbündeltheorie wohl mit dem Beschluss des Großen Senats vom 25. Juni 1984 - GrS 4/82, BStBl II 1984, 751, 764 (Aufgabe Geprägerechtsprechung). Hier bezeichnet der BFH die Bilanzbündeltheorie ausdrücklich als aufgegeben. Zu Entwicklung lehrreich auch der Überblick bei *Reiß*, Stbg 1999, 356, 357.
[4] Siehe *Schmid*, DStR 1997, 941; *Stegemann*, INF 2003, 266.

dung der Anteile - auch der Fall einer Organisation von Familienstämmen in übergeordneten Personengesellschaften. Sowohl passiv beteiligte Familienangehörige als auch externe Nachfolger können auf diese Weise leichter in Tochtergesellschaften integriert werden. Es handelt sich bei doppelstöckigen Personengesellschaften insofern also keineswegs um lediglich „nebensächliche Kuriositäten"[5], sondern eine Konstruktion, die „sowohl steuerrechtliche Dogmatiker als auch steueroptimierende Gestalter zu begeistern vermag"[6]. Was die steuerliche Behandlung verrechenbarer Verluste im Rahmen mehrstufiger Personengesellschaften angeht, ist nach wie vor vieles ungeklärt, nicht zuletzt deswegen, weil die Behandlung negativer Kapitalkonten bei mehrstufigen Personengesellschaften im Einflussbereich des § 15a EStG steht - einer weitgehend misslungenen Norm, deren Bewältigung im Hinblick auf das Zusammenspiel steuerlicher Kapitalkontenentwicklung, dem System bilanzrechtlicher Grundsätze und den handelsrechtlichen Haftungsnormen schon ohne die zusätzliche Problematik mehrstufiger Konstruktionen nicht leicht fällt.

Neben § 15a EStG prägt § 15 Abs. 1 Satz 1 Nr. 2 Satz 2 EStG als Basisnorm des Besteuerungskonzepts doppelstöckiger Personengesellschaften nachstehende Untersuchung. Die Thematik ist exakt im Überschneidungsfeld beider Vorschriften angesiedelt. Dieser Zusammenhang verdeutlicht bereits, dass eine in die strukturellen Wertungen der genannten Normen sowie wirtschaftlichen Hintergründe und Realitäten eingebettete Lösung nur schlüssig ermittelt werden kann, wenn man sich beiden Normen in einem ersten Schritt jeweils getrennt voneinander nähert und zunächst von der konkreten Problematik abstrahierend auf die hier angesiedelten Kernprobleme und Grundwertungen eingeht. Erst im Anschluss können die so gefundenen Gedanken in einem weiteren Schritt zu einer unter beiden Aspekten schlüssigen Gesamtlösung zusammengeführt werden, aus der sich in einem letzten Schritt wiederum verallgemeinernde Schlussfolgerungen für die generelle Rechtsanwendung im genannten Themenkreis ziehen lassen. Eben diese Denkschritte werden durch den Gang nachstehender Untersuchung nachvollzogen.

---

[5] So die von *L. Schmidt*, FS Moxter 1994, 1111 wohl eher scherzhaft gewählte Bezeichnung für doppelstöckige Personengesellschaften.
[6] *Seer*, StuW 1992, 35.

Erster Abschnitt: **Die Behandlung mehrstufiger Personengesellschaften im Steuerrecht**

I. Begriffsbestimmung

Von mehrstufigen Personengesellschaften spricht man im Steuerrecht ganz allgemein dann, wenn an einer Gesellschaft eine andere Gesellschaft als Mitunternehmerin beteiligt ist. Es spielt dabei keine Rolle, ob dies als Vollhafterin oder beschränkt haftend in der Rechtstellung einer Kommanditistin geschieht.

In Anlehnung an die Darstellungsform bei RÄTKE[7] liegt doppelstöckigen Personengesellschaften dabei folgendes Beteiligungsmodell zu Grunde:

Mittelbar beteiligter Gesellschafter (Obergesellschafter)
⇓
Obergesellschaft
⇓
Untergesellschaft

Ein Gesellschafter (im folgenden „Obergesellschafter") ist an einer Personengesellschaft, der so genannten „Obergesellschaft", beteiligt, die wiederum an einer anderen Personengesellschaft, der so genannten „Untergesellschaft", beteiligt ist. Gemäß § 129a HGB kann eine Personenhandelsgesellschaft Gesellschafterin einer anderen Personenhandelsgesellschaft sein. Der Bundesfinanzhof[8] hat dies für sämtliche Personengesellschaften verallgemeinert, so dass nunmehr im Grundsatz jede Mitunternehmerschaft selbst mituntemehmerisch an einer anderen Mitunternehmerschaft beteiligt sein kann.

„Beteiligung" in diesem Sinne ist nicht zivilrechtlich, sondern steuerrechtlich zu verstehen. Daraus folgt nach umstrittener herrschender Auffassung[9], dass auch reine Innengesellschaften als Obergesellschaften in Betracht kommen, sofern deren schuldrechtliche Stellung der Beteiligung eines Gesellschafters an der Vermögenssubstanz des Unternehmens gleichkommt[10].

---

[7] *Rätke* in Hermann/Heuer/Raupach, § 15 EStG, Anm. 600.
[8] *BFH*, Beschluss vom 25.02.1991 - GrS 7/89, BStBl II 1991, 691.
[9] Siehe dazu *Rätke* in Hermann/Heuer/Raupach, § 15 EStG, Anm. 623.
[10] *BFH*, Urteil v. 02.10.1997 - IV R 75/96, BStBl II 1998, 137, 138, DStR 1998, 203, 204.

Bei mehrstöckigen Personengesellschaften sind dagegen zwei oder mehr Obergesellschaften dazwischengeschaltet:

Mittelbar beteiligte Gesellschafter (Obergesellschafter)

⇓

Obergesellschaft II

⇓

Obergesellschaft I

⇓

Untergesellschaft

Die Gesellschaft, an der die Obergesellschafter unmittelbar beteiligt sind, wird
hierbei als Obergesellschaft II (beziehungsweise III, IV etc.) bezeichnet. Die
Obergesellschaft, die Gesellschafterin der Untergesellschaft ist, ist immer die
Obergesellschaft I. Man zählt mithin „von unten nach oben".

II. Die Vorschrift des § 15 Abs. 1 Satz 1 Nr. 2 Satz 2 EStG

1. Entstehungsgeschichte und ratio legis des § 15 Abs. 1 Satz 1 Nr. 2 Satz 2 EStG

Grundlage für die Besteuerung doppelstöckiger Personengesellschaften bildet
die Vorschrift des § 15 Abs. 1 Satz 1 Nr. 2 Satz 2 EStG, denn diese stellt die
Basis des Besteuerungskonzeptes mehrstufiger Personengesellschaften dar, die
ja als solche weder der Einkommen- noch der Körperschaftsteuer unterliegen.

Die Vorschrift ist durch das StÄndG 1992[11] in § 15 Abs. 1 Satz 1 Nr. 2 EStG
eingefügt worden. Zweck der Norm ist die Gleichbehandlung unmittelbar und
mittelbar beteiligter Gesellschafter im Einkommen- und Gewerbesteuerrecht.
Aus der Gesetzesbegründung[12] geht hervor, dass die Norm eine Reaktion des
Gesetzgebers auf den Beschluss des Bundesfinanzhofes vom 25. Februar 1991[13]
darstellt. Der BFH hatte entschieden, dass bei doppelstöckigen Personengesellschaften die Obergesellschafter nicht auch als Mitunternehmer der Untergesellschaft im Sinne des § 15 Abs. 1 Satz 1 Nr. 2 EStG anzusehen sind. Folge für die

---

[11] BGBl I 1992, 297.
[12] BT-Drs. 12/1108, 58.
[13] *BFH*, Beschluss vom 25.02.1991 - GrS 7/89 (Achtung: In der Gesetzesbegründung ist
fälschlicherweise als Aktenzeichen 7/91 angegeben.), BStBl II 1991, 691, BB 1991, 888.

steuerrechtliche Behandlung schuldrechtlicher Beziehungen zwischen Obergesellschaftern und Untergesellschaft war, dass Sondervergütungen, die erstere
von letzterer erhielten, nicht in den Anwendungsbereich des § 15 Abs. 1 Satz 1
Nr. 2 EStG fielen. Sie wurden demnach nicht zu gewerblichen Einkünften umqualifiziert, sondern unterfielen anderen Einkunftsarten - etwa Einkünften aus
nichtselbständiger Arbeit, aus Vermietung und Verpachtung oder aus Kapitalvermögen. Letztlich wurden diese Einkünfte so dem Zugriff der Gewerbeer-
tragssteuer entzogen. Ferner war Konsequenz dieser Rechtsprechung, dass
Wirtschaftsgüter, die der Obergesellschafter der Untergesellschaft überließ,
nicht als Sonderbetriebsvermögen der Untergesellschaft erfasst werden konnten
und damit darin enthaltene stille Reserven weder bei Veräußerung noch Entnahme steuerlich Berücksichtigung fanden. Hinzu kam noch die nunmehr eröff-
nete Möglichkeit, in der Untergesellschaft Pensionsrückstellungen zugunsten
der für sie tätigen Obergesellschafter zu bilden und auf diese Weise Steuerstun-
dungen erheblichen Umfanges zu erzielen. Der Gesetzgeber sah sich mithin zur
genannten Reaktion in Form des § 15 Abs. 1 Satz 1 Nr. 2 Satz 2 EStG gezwungen, um die - wohl mit Recht - zu befürchtende massenhafte Umgestaltung
schlichter Personengesellschaften in mehrstufige Personengesellschaften und
deren ungerechtfertigte Privilegierung zu verhindern[14]. Auf die Missbrauchs-
verhinderung durch Anwendung des § 42 AO wollte er sich insofern offensichtlich nicht verlassen, obwohl der Große Senat dessen Anwendungsbereich eröff-
net sah, sofern die Obergesellschaft ausschließlich zu dem Zweck zwischenge-
schaltet würde, um den Rechtsfolgen des § 15 Abs. 1 Satz 1 Nr. 2 2. Hs. EStG
zu entgehen[15]. Für die Zwischenschaltung der Obergesellschaft müssten „wirtschaftliche oder sonst beachtliche Gründe" ersichtlich sein. Dies darzustellen
oder zu verschleiern wäre wohl nur eine Frage geschickter Gestaltungen unter
Ausschöpfung der nicht zu unterschätzenden „Phantasie und des Einfallsreich-
tums der steuergestaltenden Praxis"[16] gewesen: beispielsweise die Verlagerung
eines Betriebsteils auf die Obergesellschaft, um diese mit eigenen Geschäftsvorfällen auszustatten. Die Unterlassung dieser steuersparenden Gestaltung wurde
zum Teil sogar als Pflichtverletzung der steuerberatenden Berufe bezeichnet,
die Schadenersatzansprüche rechtfertigen könnte[17]. Folge einer gesetzgeberischen Untätigkeit wäre mithin gewesen, dass sich die doppelstöckige GmbH &
Co. KG voraussichtlich zum Normaltyp eines mittelständischen Unternehmens
entwickelt hätte[18] - Erinnerung an das geflügelte Wort vom „Steuerrecht als un-

---

[14] So *Birk*, Steuerrecht, Rdnr. 1027; *Hey* in Tipke/Lang, Steuerrecht, 18. Auflage 2005, § 18 Rz. 40.
[15] Siehe in den Gründen unter C. III. 5., BStBl II 1991, 702.
[16] *Seer*, StuW 1992, 35, 41; zu Gestaltungsanreizen auch *Raupach*, StuW 1991, 278, 283.
[17] *Groh*, DB 1991, 879; *Sarrazin*, FS L. Schmidt, 393, 394.
[18] *Groh*, DB 1991, 879.

erwünschter Rechtsquelle des Gesellschaftsrechts"[19] werden wach. Nach Auffassung des Gesetzgebers war die Einführung des § 15 Abs. 1 Satz 1 Nr. 2 Satz 2 EStG somit nicht nur eine fiskalische Notwendigkeit im Hinblick auf zu erwartende Steuerausfälle, sondern auch ein Gebot der Gleichmäßigkeit der Besteuerung[20]. Ferner entspricht die Einführung der konsequenten Umsetzung des steuerrechtlichen Transparenzprinzips, demzufolge die Aktivitäten der Gesellschaft ertragsteuerlich bei den (ertragsteuerpflichtigen) Gesellschaftern zu erfassen sind[21].

2. § 15 Abs. 1 Satz 1 Nr. 2 Satz 2 EStG im System der Mitunternehmerschaft

a) Dogmatische Grundkonzeption der Mitunternehmerschaft

aa) Zivilrechtliche Betrachtungsweise als Ausgangspunkt

Obigen Ausführungen zu ratio legis und Entstehungsgeschichte des § 15 Abs. 1 Satz 1 Nr. 2 Satz 2 EStG lässt sich entnehmen, dass Hintergrund der Norm die Einbindung mittelbar beteiligter Gesellschafter in das System der Mitunternehmerschaft ist. Dies wirft die Frage auf, wie dieses Ziel konstruktiv umgesetzt wurde und ob die getroffene Regelung sich in das System der Mitunternehmerschaft einfügt.

Der Mitunternehmerbegriff ist ein steuerrechtlicher Begriff. Er bildet das zentrale Tatbestandsmerkmal des § 15 Abs. 1 Satz 1 Nr. 2 EStG und ist Ausdruck einer Gleichbehandlung von Einzel- und Mitunternehmer[22] im Einkommensteuerrecht sowie „der rechtsformneutralen Ausgestaltung des Ertragssteuer-

---

[19] Siehe *Groh*, BB 1984, 304 ff.; *Knobbe-Keuk*, Das Steuerrecht - eine unerwünschte Quelle des Gesellschaftsrechts?, Köln 1986.
[20] BT-Drs. 12/1108, 58.
[21] Hierzu insbesondere *Groh*, ZIP 1998, 89, 93; ferner siehe sogleich Erster Abschnitt, Gliederungspunkt II. 2. a) cc) (S. 29).
[22] Zur Gleichstellungsthese *Wacker* in L. Schmidt, EStG, 24. Auflage 2005, § 15 Rz. 161; *Knobbe-Keuk*, Bilanz- und Unternehmenssteuerrecht, 9. Auflage weist allerdings auf Seite 367 wie auch der *BFH* im erwähnten Beschluss vom 25.02.1991 - GrS 7/89, BStBl II 1991, 691 darauf hin, dass diese Aussage nicht allgemein, sondern nur insoweit gelte, wie das Gesetz die Gleichstellung zulasse. *Schön*, StuW 1988, 253, 255 spricht demgegenüber sogar von einer „deutlichen Ungleichbehandlung des Mitunternehmers gegenüber dem Einzelunternehmer", da ersterem auf diese Weise ein Gewinnanteil zugerechnet werde, der aus seiner Sicht oft nur eine bloße Rechenziffer in der Steuerbilanz der Gesellschaft darstelle.

rechts"[23]. Neben der Abgrenzung der Erwerbs- von der Privatsphäre (verdecktes Unterhaltsverhältnis) dient er vor allem der Unterscheidung gewerblicher Einkünfte von anderen Einkunftsarten[24].

Ausgangspunkt für die Qualifikation als Mitunternehmer ist nach inzwischen ständiger Rechtsprechung[25] die Anknüpfung an den in § 15 Abs. 1 Satz 1 Nr. 2 EStG enthaltenen Begriff des Gesellschafters. Entgegen der ursprünglichen Tendenz in der Rechtsprechung, eine so genannte „faktische Mitunternehmerschaft" - losgelöst von der Gesellschafterstellung - anzuerkennen[26], kann nach der heutigen Rechtsprechung nur derjenige Mitunternehmer sein, der „zivilrechtlich Gesellschafter einer Personengesellschaft ist oder - in Ausnahmefällen - eine diesem wirtschaftlich vergleichbare Stellung innehat."[27] So ist etwa für das fiduziarische Treuhandverhältnis entschieden worden, dass der Treugeber - obwohl Nichtgesellschafter - als Mitunternehmer betrachtet wird, weil er gegenüber dem Treuhänder Weisungsbefugnisse innehat und dessen Gewinn- und Verlustanteil übernimmt[28].

Ausgangspunkt der heutigen Rechtsprechung ist somit eine zivilrechtliche Betrachtungsweise, die letztlich Grundlage der oben beschriebenen Anerkennung der mehrstöckigen Personengesellschaft durch den Bundesfinanzhof war: Unter Berufung auf die der gesellschaftsrechtlichen Gesamthandslehre zugrunde liegende Vorstellung einer Trennung zwischen Gesellschaft und Gesellschaftern sollte für den Fall einer Personengesellschaft als Gesellschafterin einer anderen Personengesellschaft eben nur die Obergesellschaft, nicht jedoch der Obergesellschafter Mitunternehmer der Untergesellschaft sein.

---

[23] *Knobbe-Keuk*, Bilanz- und Unternehmenssteuerrecht, 9. Auflage, 362; DB 1990, 905, 907; *Schön*, StuW 1988, 253, 261; DStR 1993, 185, 190 f.

[24] *Hey* in Tipke/Lang, Steuerrecht, 18. Auflage 2005, § 18 Rz. 15; siehe auch *Birk*, Steuerrecht, Rdnr. 1004.

[25] Grundlegend wiederum *BFH*, Beschluss vom 25.06.1984 - GrS 4/82, BStBl II 1984, 751; Urteil vom 16.05.1989 - VIII R 196/84, BStBl II 1989, 877, DB 1989, 2413; Beschluss vom 25.02.1991 - GrS 7/89, BStBl II 1991, 691, BB 1991, 888 (mehrstöckige Personengesellschaft); *BFH*, Urteil vom 16.12.1997 - VIII R 32/90, BStBl II 1998, 480, FR 1998, 659, 660.

[26] Vgl. insbesondere *BFH*, Urteil vom 28.11.1974 - I R 232/72, BStBl II 1975, 498, 499; Urteil vom 29.01.1976 - IV R 97/74, BStBl II 1976, 332, 334; laut *BFH* vom 11.12.1980 - IV R 91/76, BStBl II 1981, 310 sei es ständige Rechtsprechung, dass die Gesellschafterstellung nicht Voraussetzung der Mitunternehmereigenschaft sei.

[27] *BFH*, Beschluss vom 25.06.1984 - GrS 4/82, BStBl II 1984, 751, 768.

[28] *BFH*, Urteil vom 17.11.1987 - VIII R 83/84, BFHE 152, 230; Urteil vom 01.10.1992 - IV R 130/90, BStBl II 1993, 574, 576.

Belässt man es bei dieser zivilrechtlichen Betrachtungsweise, liegt der Schluss nahe, § 15 Abs. 1 Satz 1 Nr. 2 Satz 2 EStG als Systembruch zu qualifizieren. Entscheidend ist, ob dem Mitunternehmerbegriff im Grundsatz die Vorstellung einer unmittelbaren Gesellschafterstellung zugrunde liegt.

bb) Unmittelbare Gesellschafterstellung als Voraussetzung der Mitunternehmereigenschaft

Untersucht man die Frage, ob dem Mitunternehmerbegriff zwingend die Vorstellung einer unmittelbaren (zivilrechtlichen) Gesellschafterstellung zugrunde liegt, gilt es zunächst einen Aspekt zu verdeutlichen: Die Definition der Mitunternehmerstellung ist in erster Linie ein steuerrechtliches Problem. Mit den Worten LANGS[29] ist daher von einem steuerrechtlichen Ausgangspunkt aus danach zu fragen, welche Zivilrechtsformen in welcher Weise einer mitunternehmerischen Betätigung zuzuordnen sind. Dem ist letztlich auch der Bundesfinanzhof in seinem hier bereits mehrfach zitierten Beschluss vom 25.02.1991[30] nachgekommen:

„Wegen des Grundsatzes der Gleichmäßigkeit der Besteuerung ist das Steuerrecht in besonderem Maße gehalten, wirtschaftlich gleiche Tatbestände auch gleich zu behandeln. Maßgeblich für die steuerrechtliche Qualifizierung muss der wirtschaftliche Gehalt der Betätigung der Personengesellschaft sein, nicht die Rechtsform der Gesellschaft oder der die Rechtsform beeinflussende Umfang ihrer Tätigkeit."

Der Grundsatz der Gleichmäßigkeit der Besteuerung gebietet eine Gleichbehandlung sämtlicher Formen gemeinschaftlichen Tätigwerdens. Im Kern ist die Forderung nach einer rechtsformneutralen Besteuerung gleichzusetzen mit der Forderung nach einer gleichmäßigen Besteuerung entsprechend der wirtschaftlichen Leistungsfähigkeit[31]. Dies entspricht auch dem Postulat nach einer Entscheidungsneutralität der Besteuerung[32].

Führt man diesen Gedanken weiter, besteht kein sachlich einleuchtender Grund dafür, einfache Personengesellschaften ertragsteuerlich anders zu behandeln als doppelstöckige Personengesellschaften[33]. Ein tragfähiger wirtschaftlicher Un-

---

[29] *Lang* in Tipke/Lang, Steuerrecht, 17. Auflage 2002, § 9 Rz. 505.
[30] Beschluss vom 25.02.1991 - GrS 7/89, BStBl II 1991, 691, 702.
[31] Diese Auffassung teilt auch *Seer*, StuW 1992, 35, 40.
[32] Ausführlich *Graß*, Unternehmensformneutrale Besteuerung, Diss. Köln 1991.
[33] *Seer*, StuW 1992, 35, 40.

terschied ist jedenfalls nicht ersichtlich. Für das Steuerrecht hätte man unter teleologischen Gesichtspunkten als Gesellschafter im Sinne des § 15 Abs. 1 Satz 1 Nr. 2 Satz 1 EStG mithin auch die mittelbar über eine Personengesellschaft beteiligten Obergesellschafter ansehen können - vielleicht als konsequente Umsetzung des Transparenzprinzips[34] sowie der erwähnten Zwecksetzung der Mitunternehmerschaft, „Einkünfte beim gemeinschaftlichen Bezug von Einkünften aus einem gewerblichen Unternehmen zu bestimmen", sogar müssen[35]. Es trifft zu, dass ein Gesellschaftsverhältnis zwar die „zivilrechtlich-organisatorische Binnenstruktur" für eine gemeinsame Teilnahme am Marktgeschehen bildet, nicht aber zwingend konstitutiv für die spezifisch steuerrechtliche subjektive Zurechnung erzielter Einkünfte sein sollte[36].

Über einen Aspekt kommt man mit diesen Überlegungen jedoch nicht hinweg: § 15 Abs. 1 Satz 1 Nr. 2 Satz 1 EStG bezieht sich nach dem Gesetzeswortlaut auf die *„Gesellschafter einer OHG, einer KG und einer anderen Gesellschaft, bei der der Gesellschafter als Unternehmer (Mitunternehmer) anzusehen ist."* Das Gesetz spricht in § 15 Abs. 1 Satz 1 Nr. 2 Satz 1 EStG vom Mitunternehmer als „Gesellschafter ... einer Gesellschaft", knüpft demnach quasi doppelt an das Vorliegen eines Gesellschaftsverhältnisses an, auch wenn seine Zielrichtung darüber hinausgeht.

Im Hinblick auf diesen Widerspruch wird der Standpunkt vertreten, dass das Vorliegen eines zivilrechtlichen Gesellschaftsverhältnisses vom Tatbestand des § 15 Abs. 1 Satz 1 Nr. 2 Satz 1 EStG ungeachtet seines Wortlautes gerade nicht gefordert werde und der Mitunternehmerbegriff tatbestandlich vom Vorliegen eines zivilrechtlichen Gesellschaftsverhältnisses loszulösen sei[37]. Allerdings spricht das Gesetz nun einmal ausdrücklich vom „Gesellschafter", erhebt diese Eigenschaft mithin zum Tatbestandsmerkmal. Diesem Argument wird zwar zum Teil im Hinblick auf die Rechtsprechung zum Treuhandverhältnis[38] sehr geringer argumentativer Wert beigemessen[39]. Allerdings gilt, dass auch die Anwendung des Mitunternehmerbegriffes zunächst vom Wortlaut des Gesetzes auszugehen hat. Eine Ausweitung der Zurechnung über den Gesetzeswortlaut ist der Tatbestandsmäßigkeit der Besteuerung zumindest abträglich und könnte im Ex-

---

[34] Dazu sogleich Erster Abschnitt, Gliederungspunkt II. 2. a) cc) (S. 29).

[35] So *Raupach*, StuW 1991, 278, 281 ff.; *Seer*, StuW 1992, 35, 40.

[36] *Fischer*, FR 1998, 813, 814.

[37] So *Bodden*, FR 2002, 559, 563.

[38] *BFH*, Urteil vom 17.11.1987 - VIII R 83/84, BFHE 152, 230; Urteil vom 01.10.1992 - IV R 130/90, BStBl II 1993, 574, 576.

[39] *A. Schmidt*, Einkommensteuerliche Behandlung mittelbarer Leistungsbeziehungen bei Personengesellschaften, Diss. Düsseldorf 1990, 121; kritisch auch *Pinkernell*, Einkünftezurechnung bei Personengesellschaften, Diss. Köln 1999/2000, 155.

tremfall als Erfindung von Steuersubjekten zu verfassungswidrigem Richterrecht führen[40].

Das Verhältnis von Mitunternehmerstellung und Gesellschaftereigenschaft ließe sich im Hinblick auf diesen Umstand vielmehr mit dem Zurechnungsgedanken erläutern: Der Umstand, dass die Obergesellschaft den Tatbestand der Mitunternehmerstellung in der Untergesellschaft verwirklicht, wird den Obergesellschaftern zugerechnet[41]. Es ist nach diesem Argumentationsgang allerdings ebenfalls ausschließlich die Obergesellschaft, die die eigentlich für die Mitunternehmerstellung vorausgesetzte Gesellschaftereigenschaft innehat. Auf diese Weise wurde vor Einführung des § 15 Abs. 1 Satz 1 Nr. 2 Satz 2 EStG nichts anderes als der Versuch unternommen, sachgerechte Ergebnisse im Bereich mittelbarer Leistungsbeziehungen in Personengesellschaften zu erzielen.

Trotz des relativ eindeutigen Wortlautes könnte sich aus dem Gesamtzusammenhang des Gesetzes ergeben, dass der Mitunternehmerkonzeption im Einkommensteuerrecht nicht zwingend die Vorstellung der Gesellschaftereigenschaft zugrunde liegt. So ist aus der Bestimmung des § 20 Abs. 1 Satz 1 Nr. 4 EStG, wonach Einnahmen aus der Beteiligung an einem Handelsgewerbe als stiller Gesellschafter oder aus partiarischen Darlehen ausnahmsweise dann nicht zu den Einkünften aus Kapitalvermögen zählen, wenn der Gesellschafter als Mitunternehmer anzusehen ist, abgeleitet worden, dass das Einkommensteuergesetz durchaus Nichtgesellschafter als Mitunternehmer kenne: Es gehe an dieser Stelle schließlich ersichtlich davon aus, dass ein Darlehensgeber als Nichtgesellschafter Mitunternehmer sein könne[42]. Dennoch erscheint es sehr zweifelhaft, ob der Gesetzgeber durch diese Wendung vom „Darlehensgeber als Mitunternehmer" in § 20 EStG den § 15 EStG korrigieren wollte[43]. Diese Wendung erklärt sich wohl eher vor dem Hintergrund, dass die Rechtsprechung zum damaligen Zeitpunkt noch faktische Mitunternehmerschaften akzeptierte.

Der Streitpunkt, ob die Mitunternehmerkonzeption nun die Gesellschaftereigenschaft voraussetzt oder nicht, entzündet sich letztlich am Grundübel der einkommensteuerlichen Behandlung doppelstöckiger Personengesellschaften: Die Obergesellschaft ist zwar Gesellschafterin in der Untergesellschaft, nicht aber

---

[40] Dazu tendieren *Crezelius*, FS für L. Schmidt, 355, 369; *Fischer*, FR 1998, 813, 817; *Meßmer*, FS Döllerer, 429, 440 und 445; *Priester*, FS L. Schmidt, 331, 336.

[41] *Raupach*, StuW 1991, 278, 282; mit dem Zurechnungsgedanken argumentiert auch *Pinkernell*, Einkünftezurechnung bei Personengesellschaften, Diss. Köln 1999/2000, 152.

[42] *Hey* in Tipke/Lang, Steuerrecht, 18. Auflage 2005, § 18 Rz. 18; *Schulze-Osterloh*, StuW 1986, 74, 79.

[43] Verneinend *Knobbe-Keuk*, JbFfSt 1987/88, 378; *Priester*, FS L. Schmidt, 331, 336.

Steuerpflichtsubjekt, der Obergesellschafter zwar Steuerpflichtsubjekt, nicht aber Gesellschafter[44]. So kann das Steuerrecht nicht an gesellschaftsrechtliche Gegebenheiten anknüpfen, das Gesellschaftsrecht nicht das steuerrechtlich Gewünschte liefern. Allein aus diesem Grund wird teleologisch orientiert der Versuch unternommen, entweder die Gesellschaftereigenschaft als Voraussetzung der Mitunternehmerschaft zu negieren oder aber auf Zurechnungskonstruktionen zurückzugreifen. Auch der Bundesfinanzhof ist sich der Problematik bewusst und versucht, sich mit seiner „Vergleichbarkeit bei wirtschaftlicher Betrachtung"[45] sowie dem Aufspüren „verdeckter Innengesellschaften"[46] zu behelfen - letztlich nichts anderes als die ergebnisbezogene Konstruktion von Gesellschaftsverhältnissen, die steuerrechtlich erwünscht, nach den Maßstäben des Gesellschaftsrechts allerdings streng genommen nicht gegeben sind[47]. All diese Ansätze sind nach der hier vertretenen Auffassung im Ergebnis durchaus sachgerecht, dürfen allerdings nicht darüber hinwegtäuschen, dass der Mitunternehmerstellung nach der im Wortlaut eindeutigen Gesetzeskonzeption sehr wohl die Vorstellung einer unmittelbaren Beteiligung zugrunde liegt. Mittelbaren Konstruktionen wurde vor Einführung des § 15 Abs. 1 Satz 1 Nr. 2 Satz 2 EStG eben nicht hinreichend Rechnung getragen. Eine Mitunternehmerstellung ohne Gesellschaftereigenschaft kannte das Gesetz nicht.

Die Mitunternehmerkonzeption des § 15 Abs. 1 Satz 1 Nr. 2 Satz 1 EStG geht also - und dies gilt es vorliegend als Zwischenergebnis festzuhalten - im Grundsatz ersichtlich davon aus, dass Mitunternehmer zunächst nur sein kann, wer an der Personengesellschaft unmittelbar (rechtlich[48]) beteiligt ist - oder aber bei wirtschaftlicher Betrachtung eine (der Gesellschafterstellung) vergleichbare Stellung innehat[49]. Eine nur mittelbare Gesellschafterstellung genügt diesen Anforderungen nicht.

---

[44] Zu dieser Problematik schon: *Reiß*, Stbg 1999, 356, 357; *A. Schmidt*, Einkommensteuerliche Behandlung mittelbarer Leistungsbeziehungen bei Personengesellschaften, Diss. Düsseldorf 1990, 120.

[45] Kritisch zu dieser „wirtschaftlichen Vergleichbarkeit" *Fischer*, FR 1998, 813, 818; *Pinkernell*, Einkünftezurechnung bei Personengesellschaften, Diss. Köln 1999/2000, 153; *Priester*, FS L. Schmidt, 331, 337.

[46] *BFH*, Urteil vom 16.12.1997 - VIII R 32/90, BStBl II 1998, 480, FR 1998, 659, 660.

[47] *Priester*, FS L. Schmidt, 331, 335.

[48] *BFH*, Urteil vom 13. Juli 1993 - VIII R 50/92, BStBl II 1994, 282 ff.

[49] Insbesondere *BFH*, Beschluss vom 03.03.1998 - VIII B 62/97, BFH/NV 1998, 1339, 1341 zur Mitunternehmerstellung im Falle einer fehlerhaften Gesellschaft ergänzt die zivilrechtliche Betrachtungsweise um die in § 41 AO gesetzlich kodifizierte wirtschaftliche Betrachtung; auch hier wird allerdings ausdrücklich klargestellt (1340), dass „Mitunternehmer im Regelfall nur sein kann, wer zivilrechtlich Gesellschafter einer Personengesellschaft ist"; zuletzt auch *BFH*, Urteil vom 4. November 1997 - VIII R 18/95, BStBl II 1999, 384, DStR 1998, 843 (Mi-

cc) Sondereinfluss des Steuerrechts - Transparenzprinzip

Die soeben als Zwischenergebnis festgehaltene an zivilrechtlicher Gesellschafterstellung orientierte Grundkonzeption der Mitunternehmerschaft ist in einen weiteren Zusammenhang einzubetten: das Verhältnis von Zivil- und Steuerrecht. Die an der Gesellschafterstellung orientierte Grundkonzeption trägt der steuerrechtlichen Zielrichtung des Mitunternehmerbegriffes, „Einkünfte beim gemeinschaftlichen Bezug von Einkünften aus einem gewerblichen Unternehmen zu bestimmen"[50], nicht vollumfassend Rechnung[51].

Zivilrecht und Steuerrecht haben verschiedene Aufgaben[52]: Das Steuerrecht dient der Sicherung staatlicher Einnahmeerzielung, das Zivilrecht einem Interessenausgleich zwischen Rechtssubjekten. Die Funktionen dieser Rechtsgebiete, die im Verhältnis von Zivil- und Steuerrecht zu vielerlei Spannungen führen[53], gilt es sich zu vergegenwärtigen.

Einer dieser Brüche zwischen Gesellschaftsrecht und Einkommensteuerrecht ist durch die Schlagworte „Trennungsprinzip" und „Transparenzprinzip" gekennzeichnet. Gesamthänderisch verfasste Personengesellschaften gelten gesellschaftsrechtlich als selbständige Träger des Gesellschaftsvermögens. Dieses Trennungsprinzip kann einkommensteuerrechtlich nicht gelten. Würde man entsprechend der Verfahrensweise bei Kapitalgesellschaften erst die Auszahlungen auf Gesellschafterebene steuerlich erfassen, stellte die Personengesellschaft ein Instrument zur Thesaurierung unversteuerter Gewinne dar[54]. Daher sind Personengesellschaften keine Subjekte der Einkommenbesteuerung. Das Steuerrecht weicht hier vom Zivilrecht ab, weil das Steuerrecht die „Steuerrechtsfähigkeit" als von der Rechtsfähigkeit im Sinne des bürgerlichen Rechts unabhängige Sonder-Rechtsfähigkeit an Subjekte verleiht, die wirtschaftliche Leistungsfähigkeit verkörpern[55]. Einkommensteuerrechtlich gilt nicht das Trennungs- sondern das Transparenzprinzip, demzufolge die Aktivitäten der Gesellschaft ertragsteuerlich bei den (ertragsteuerpflichtigen) Gesellschaftern zu erfassen sind.

---

tunternehmerschaft im Falle eines dem zivilrechtlichen Gesellschaftsverhältnis wirtschaftlich vergleichbaren Gemeinschaftsverhältnisses); *Schulze zur Wiesche*, DB 1997, 244.

[50] So die eigene Formulierung des BFH, Beschluss vom 25.06.1984 - GrS 4/82, BStBl II 1984, 751, 768.

[51] Siehe soeben S. 23 f.

[52] Dazu *Pinkernell*, Einkünftezurechnung bei Personengesellschaften, Diss. Köln 1999/2000, 104; *Schulze-Osterloh*, FS L. Schmidt, 307, 309.

[53] Dazu bereits *Lempenau*, StuW 1981, 235.

[54] Ausführlich zum Hintergrund von Trennungs- und Transparenzprinzip *Groh*, ZIP 1998, 89 ff.; *Reiß*, Stbg 1999, 357 ff.

[55] Dazu *Lang* in Tipke/Lang, Steuerrecht, 18. Auflage 2005, § 6 Rz. 11 ff.

Sofern der Gesetzgeber durch Einführung des § 15 Abs. 1 Satz 1 Nr. 2 Satz 2 EStG ausgesprochen hat, dass die Gesellschafter der Obergesellschaft auch Mitunternehmer der Untergesellschaft sind, setzt er dadurch das einkommensteuerrechtliche Transparenzprinzip konsequent um[56]. Er bricht durch die Erhebung des mittelbar beteiligten Gesellschafters zum Mitunternehmer allerdings mit den Ordnungsprinzipien des Gesellschaftsrechts und der hieran orientierten Grundkonzeption des Mitunternehmerbegriffes.

dd) Mitunternehmerrisiko und -initiative als Voraussetzungen der Mitunternehmereigenschaft

Allein die Gesellschafterstellung vermag die Zurechnung nicht zu begründen. Kennzeichnend für einen Mitunternehmer ist ferner, dass er zum einen Mitunternehmerinitiative entfalten kann und zum anderen Mitunternehmerrisiko trägt[57]. Die Voraussetzungen brauchen dabei nicht stets voll ausgeprägt vorzuliegen, entscheidend ist vielmehr das Gesamtbild der Verhältnisse im Einzelfall - so genannter unbestimmter „Typusbegriff"[58].

Mitunternehmerinitiative kann entfalten, wer Einflussmöglichkeiten auf die im Betrieb zu treffenden unternehmerischen Entscheidungen hat. Die intensivste Ausprägung stellen Geschäftsführungs- und Vertretungsbefugnisse, die geringste Ausprägung bloße Stimm- und Kontrollrechte - etwa die eines Kommanditisten - dar. Obgleich § 164 HGB Kommanditisten von der (organschaftlichen) Geschäftsführung ausschließt, bezieht § 15 Abs. 1 Satz 1 Nr. 2 EStG alle Gesellschafter einer Kommanditgesellschaft ein. Insofern sind deren (gesetzlich vorgesehene) Mitwirkungs- und Kontrollrechte als gerade noch ausreichend für die Annahme von Mitunternehmerinitiative anzusehen[59].

Unternehmensrisiko trägt, wer am Gewinn und Verlust und Vermögen der Gesellschaft beteiligt ist sowie nach außen persönlich haftet. Eine Beschränkung der Verlustbeteiligung auf die Höhe der Einlage - wiederum wie im Falle eines

---

[56] *Groh*, ZIP 1998, 89, 93.

[57] Statt vieler *BFH*, Beschluss vom 25.06.1984 - GrS 4/82, BStBl II 1984, 751 (Aufgabe der Gepräge-Rechtsprechung); Urteil vom 16.05.1989 - VIII R 196/84, BStBl II 1989, 877, DB 1989, 2413; *Birk*, Steuerrecht, Rz. 1009; *Hey* in Tipke/Lang, Steuerrecht, 18. Auflage 2005, § 18 Rz. 19 ff.; *Rätke* in Hermann/Heuer/Raupach, § 15 EStG, Anm. 603.

[58] Hierzu *Knobbe-Keuk*, Bilanz- und Unternehmenssteuerrecht, 9. Auflage, 381; *Lang* in Tipke/Lang, Steuerrecht, 18. Auflage 2005, § 5 Rz. 51; zu der mit Typusbegriffen verbundenen Problematik insbesondere *Stapperfend* in Hermann/Heuer/Raupach, § 15 EStG, Anm. 1004.

[59] Ständige Rechtsprechung seit *BFH*, Beschluss v. 25.06.1984 - GrS 4/82, BStBl II 1984, 751, 769; ausführlich *Haep* in Hermann/Heuer/Raupach, § 15 EStG, Anm. 310 ff.

Kommanditisten - hindert nicht die Annahme eines Mitunternehmerrisikos, da dies zwar eine Nachschusspflicht, nicht jedoch die Entstehung eines negativen Kapitalkontos hindert[60].

Es entspricht allerdings auch ständiger Rechtsprechung des Bundesfinanzhofes, dass die beiden Hauptmerkmale im Einzelfall zwar mehr oder weniger ausgeprägt sein können, jedoch beide vorliegen müssen[61]. Fehlt es einem Kommanditisten an Mitunternehmerrisiko und/oder -initiative, so ist der Mitunternehmerbegriff des § 15 EStG nicht erfüllt. Somit liegen keine Einkünfte aus Gewerbebetrieb im Sinne des § 15 EStG vor. Der Kommanditist verwirklicht als Kapitalgeber vielmehr den subsidiären Tatbestand des § 20 EStG.

b) **Konstruktion und Grundstruktur des § 15 Abs. 1 Satz 1 Nr. 2 Satz 2 EStG**

Die Zielrichtung des § 15 Abs. 1 Satz 1 Nr. 2 Satz 2 EStG, unmittelbar und mittelbar beteiligte Gesellschafter einer Personengesellschaft im Hinblick auf den gewerbesteuerlichen Zugriff auf Sondervergütungen, die steuerliche Erfassung stiller Reserven im Falle der Entnahme oder Veräußerung von Wirtschaftsgütern des Sonderbetriebsvermögens sowie der fehlenden Möglichkeit der Bildung gewinnmindernder Pensionsrückstellungen in der Untergesellschaft gleich zu behandeln, hat der Gesetzgeber bei Konzeption des § 15 Abs. 1 Satz 1 Nr. 2 Satz 2 wie folgt umgesetzt:

Im ersten Halbsatz der Norm erfolgt eine Gleichstellung von mittelbarer und unmittelbarer Beteiligung. Auf diese Weise wird das Tatbestandsmerkmal „Gesellschafter" des § 15 Abs. 1 Satz 1 Nr. 2 Satz 1 EStG, das wie oben dargelegt[62] grundsätzlich eine zivilrechtliche und damit unmittelbare Beteiligung oder aber eine bei wirtschaftlicher Betrachtung vergleichbare Stellung voraussetzt, auf den mittelbar beteiligten Gesellschafter ausgedehnt[63]. Steuerliche Folgen ergeben sich aus dieser Gleichstellung alleine noch nicht.

Der zweite Halbsatz der Norm fingiert dann anknüpfend an den ersten Halbsatz die Mitunternehmerstellung des Obergesellschafters in der Untergesellschaft. Es handelt sich insofern um eine Fiktion, als die eigentlichen Voraussetzungen der

---

[60] *Haep* in Hermann/Heuer/Raupach, § 15 EStG, Anm. 323.
[61] *BFH*, Beschluss v. 25.06.1984 - GrS 4/82, BStBl II 1984, 751, 769; Beschluss vom 03.05.1993 - GrS 3/92, BStBl II 1993, 616, 621.
[62] Siehe Erster Abschnitt, Gliederungspunkt II. 2. a) bb) (S. 25).
[63] So zutreffend *Rätke* in Hermann/Heuer/Raupach, § 15 EStG, Anm. 601.

Mitunternehmerschaft (Mitunternehmerrisiko und -initiative) im Verhältnis des Obergesellschafters zur Untergesellschaft nicht erfüllt zu sein brauchen[64]. Angesichts des Umstandes, dass nicht geschäftsführende Gesellschafter der Obergesellschaft, wie etwa Kommanditisten, keinerlei Einfluss auf die unternehmerischen Entscheidungen der Untergesellschaft haben, wäre dies auch ohne Fiktion kaum denkbar. Es genügt vielmehr eine so genannte „ununterbrochene Mitunternehmerkette"[65], in der die obere in der jeweils nächsttieferen Stufe Mitunternehmerstellung innehat. Fehlt allerdings eine solche, findet Satz 2 keine Anwendung mehr.

Herauszuheben ist, dass es § 15 Abs. 1 Satz 1 Nr. 2 Satz 2 EStG nicht darum geht, die Mitunternehmerstellung der Obergesellschaft in der Untergesellschaft durch die des Obergesellschafters in der Untergesellschaft zu ersetzen. Der Obergesellschafter wird vielmehr zusätzlicher Mitunternehmer der Untergesellschaft[66]. Die Neukonzeption der Norm weicht insofern in dogmatischer Hinsicht von der im Beschluss des Großen Senats vom 25.02.1991 getätigten Aussage, die Mitunternehmerstellung der Obergesellschaft schließe eine Mitunternehmerstellung des Obergesellschafters in der Untergesellschaft aus, ab. Den Gedanken einer Abkoppelung der Mitunternehmerstellung von der Gesellschaftereigenschaft lehnte der Bundesfinanzhof ausdrücklich ab[67] - in § 15 Abs. 1 Satz 1 Nr. 2 Satz 2 EStG ist dieser Gedanke kodifiziert worden.

3.   **Einfluss des § 15 Abs. 1 Satz 1 Nr. 2 EStG auf die Gewinnzurechnung und -feststellung in doppelstöckigen Personengesellschaften**

Die Gewinnzurechnung in Personengesellschaften läuft zweistufig ab. In einer ersten Stufe ermittelt die Gesellschaft auf der Grundlage der §§ 4 ff. EStG die Einkünfte aus Gewerbebetrieb unter Berücksichtigung der Ergänzungsbilanzen. In einer zweiten Stufe sind anschließend Sonderbetriebseinnahmen und -ausgaben sowie Veräußerungsergebnisse im Sinne des § 16 EStG zu erfassen. Die auf diese Weise ermittelten Einkünfte werden sodann den Gesellschaftern zugerechnet.

---

[64] Hinweis von *Seer*, StuW 1992, 35, 43.

[65] *Felix*, KÖSDI 1994, 9768; *Rätke* in Hermann/Heuer/Raupach, § 15 EStG, Anm. 628.

[66] *Helmreich*, Verluste bei beschränkter Haftung und § 15a EStG, 294; *Wacker* in L. Schmidt, EStG, 24. Auflage 2005, § 15a Rz. 61; laut *Groh*, DB 1991, 879, 882 allerdings eine „kaum akzeptable Vorstellung".

[67] Gründe unter C. III. 2b), BStBl II 1991, 701.

Die Gesellschafter der an der Untergesellschaft beteiligten Obergesellschaft sind keine Gesellschafter der Untergesellschaft - wie dargestellt, können sie auf dieser Ebene somit keine eigentlichen Mitunternehmer sein[68]. Nach herrschender Meinung[69] erstreckt sich die von § 15 Abs. 1 Satz 1 Nr. 2 EStG ausgesprochene Fiktion ihrer Mitunternehmerstellung in der Untergesellschaft ausschließlich auf den Sonderbetriebsbereich. Danach sind nur die dem Obergesellschafter gewährte Tätigkeits- und Nutzungsvergütung der Untergesellschaft sowie dessen Sonderbetriebsvermögen bei der Untergesellschaft nach den Grundsätzen der Mitunternehmerschaft zu behandeln. Als Konsequenz des § 15 Abs. 1 Satz 1 Nr. 2 Satz 2 EStG und der damit verbundenen Abkopplung der Mitunternehmerstellung von der Gesellschaftereigenschaft ist etwa nach herrschender Meinung eine Sonderbilanz für den Obergesellschafter bei der Untergesellschaft zu bilden[70]. Über den Sonderbereich hinaus erfolgt keine direkte Zurechnung des Ergebnisses der Untergesellschaft, lediglich die beteiligte Obergesellschaft als solche ist insoweit mögliche Zurechnungsadressatin. Den Gesellschaftern einer Obergesellschaft sind daher diese Erträge aus der Untergesellschaft nur über die Obergesellschaft zuzurechnen. Insofern bleibt es bei einer mittelbaren Beteiligung über die Beteiligung des Obergesellschafters am Ergebnis der Obergesellschaft (bei mehrstöckigen Gesellschaften vermittelt durch weitere Obergesellschaften). Soweit die Wirtschaftsjahre von Ober- und Untergesellschaft voneinander abweichen, führt dies zu einer zeitversetzten Versteuerung. Ausnahmen werden im Falle missbräuchlicher Gestaltungen gemacht[71].

Verfahrensrechtlich wird dieses doppelstöckigen Personengesellschaften eigene zweistufige Einkünftezurechnungsverfahren durch ein zweistufiges Feststellungsverfahren umgesetzt[72]. Dieses zweistufige Feststellungsverfahren rechtfertigt sich vor dem Hintergrund, dass die Obergesellschaft als Personengesell-

---

[68] Erster Abschnitt, Gliederungspunkt II. 2. a) bb) (S. 25) und cc) (S. 29).

[69] *BFH*, Urteil v. 26.01.1995 - IV R 23/93, BStBl II 1995, 467, 468 f.; Beschluss v. 31.08.1999 - VIII B 74/99, BStBl II 1999, 794, DStR 1999, 1854, 1855; Urteil v. 06.09.2000 - IV R 69/99, BStBl II 2001, 731, DStR 2000, 2125, 2126; *Pinkernell*, Einkünftezurechnung bei Personengesellschaften, Diss. Köln 1999/2000, 160; *Rätke* in Hermann/Heuer/Raupach, § 15 EStG, Anm. 632 m.w.N.; *L. Schmidt*, FS Moxter, 1109, 1114 f.; *Söhn*, StuW 1999, 328, 333; a.A.: *Bodden*, FR 2002, 559, 564; *Bordewin*, DStR 1996, 1594, 1596; *Sarrazin*, FS L. Schmidt, 393, 400; *Seer*, StuW 1992, 35, 43.

[70] *Wacker* in L. Schmidt, EStG, 24. Auflage 2005, § 15 Rz. 615; *Seibold*, DStR 1998, 438, 439.

[71] Siehe *BFH*, Urteil vom 18.12.1991 - XI R 40/89, BFHE 166, 550.

[72] *BFH*, Urteil v. 10.08.1989 - III R 5/87, BStBl II 1990, 38, 39; v. 14.11.1995 - VIII R 8/94, BStBl II 1996, 297, 298; *Baum* in Koch/Scholtz, AO, 5. Auflage, § 179, Tz. 10.4; *Nickel/Bodden*, FR 2003, 391, 392; *Rätke* in Hermann/Heuer/Raupach, § 15 EStG, Anm. 610; *Söhn*, StuW 1999, 328, 331 f.

schaft zwar nicht Einkommensteuersubjekt, wohl aber „Subjekt der Gewinnerzielung"[73] ist.

Daneben wird im Hinblick auf den diesbezüglich offenen Wortlaut des § 15 Abs. 1 Satz 2 Nr. 2 Satz 2 EStG auch die Auffassung vertreten, dass der Gewinn- oder Verlustanteil aus der Untergesellschaft direkt den Gesellschaftern der Obergesellschaft zuzurechnen ist[74]. Dem liegt die Vorstellung zugrunde, dass auch bei gemeinschaftlicher wirtschaftlicher Betätigung letztlich stets der einzelne Gesellschafter den Tatbestand der Einkünfteerzielung verwirklicht und im Sinne der „Sowohl-als-auch-These"[75] Obergesellschafter und Obergesellschaft als vollwertige Mitunternehmer der Untergesellschaft anzusehen sind. Bestätigung sucht diese Auffassung unter anderem in den Gesetzgebungsmaterialien[76], die sich nicht auf die Beziehung des Obergesellschafters zur Untergesellschaft im Hinblick auf den Sonderbetriebsbereich beschränken. Es wird der Einwand erhoben, dass für die Obergesellschaft durch das Feststellungsverfahren bei der Untergesellschaft keine einkommensteuerpflichtigen Einkünfte festgestellt werden, da diese ja nicht selbst Einkommensteuersubjekt sei. Dies gelte ausschließlich für die Obergesellschafter, denen daher der Beteiligungsertrag aus der Untergesellschaft unmittelbar zugerechnet werden müsse[77].

Die direkte Gewinnzurechnung ist allerdings weder mit dem Handelsrecht noch mit der Mitunternehmerstellung der Obergesellschaft in der Untergesellschaft vereinbar[78]. Auch wäre demzufolge der mittelbar beteiligte Gesellschafter am Gewinn- und Verlust der Untergesellschaft einmal als Mitunternehmer unmittelbar, daneben aber auch mittelbar über seine Beteiligung an der Obergesellschaft beteiligt - ein nur schwer lösbares Konkurrenzproblem[79]. Bezüglich der fehlenden Einkommensteuersubjektivität der Obergesellschaft kommt in diesem Zusammenhang der Grundsatz zum Tragen, dass eine Personengesellschaft wegen der gesellschaftsrechtlichen Verbundenheit insoweit Steuerrechtssubjekt ist, als sie in der Einheit ihrer Gesellschafter Merkmale eines Besteuerungstatbestands verwirklicht, welche den Gesellschaftern für deren Besteuerung zure-

---

[73] So *Helmreich*, Verluste bei beschränkter Haftung und § 15a EStG, 295; auch *Sarrazin*, FS L. Schmidt 1993, 393, 397; *L. Schmidt*, FS Moxter 1994, 1111, 1112; *Söhn*, StuW 1999, 328, 332.

[74] *Bodden*, FR 2002, 559, 564.

[75] Entwickelt von *A. Schmidt* in seiner Dissertation „Einkommensteuerliche Behandlung mittelbarer Leistungsbeziehungen bei Personengesellschaften", Diss. Düsseldorf 1990; Vorstellung der Ergebnisse auch in DStR 1990, 164 ff.

[76] BT-Drs. 12/1108, 58 f.

[77] Auf dieser Linie schon *Uelner/Dankmeyer*, DStZ 1981, 12, 16.

[78] So zutreffend *Helmreich*, Verluste bei beschränkter Haftung und § 15a EStG, 298.

[79] *Rätke* in Hermann/Heuer/Raupach, § 15 EStG, Anm. 632.

chenbar sind[80]. Soweit eine als Mitunternehmerschaft zu wertende Personengesellschaft im Rahmen der Gewinnermittlung ihre Einkünfte gemäß § 15 EStG
zu ermitteln hat, ist sie als Steuerrechtssubjekt anzusehen[81].

Es kommt mithin - trotz des insofern zumindest „auslegungsbedürftigen"[82]
Wortlautes - nur hinsichtlich des Sonderbetriebsbereiches zu einer unmittelbaren Gewinnzurechnung.

III. Fazit

Vor dem Hintergrund der Entstehungsgeschichte, dem Gesetzeszweck, der
Konstruktion sowie der Grundstruktur des § 15 Abs. 1 Satz 1 Nr. 2 Satz 2 EStG
auf der einen und der Mitunternehmerschaft auf der anderen Seite lässt sich
nunmehr folgende Schlussfolgerung ziehen: Die Regelung stellt insofern einen
Bruch im dogmatischen System der Mitunternehmerschaft dar, als die Mitunternehmerstellung von der Gesellschaftereigenschaft sowie dem Erfordernis des
Mitunternehmerrisikos und der Mitunternehmerinitiative abgekoppelt wird.
Dem liegen in erster Linie fiskalische Erwägungen zugrunde[83], die vor dem
Hintergrund des Gebotes gleichmäßiger Besteuerung sowie des im Steuerrecht
der Personengesellschaften notwendigen Transparenzprinzips durchaus gerecht-
fertigt sind.

Zu kritisieren ist, dass die Korrektur des im Beschluss des Großen Senats vom
25.02.1991 ausgesprochenen Ergebnisses zwar zu Recht erfolgt, ohne jedoch an
dessen dogmatischen Grundlagen etwas zu ändern[84]. Die Problematik der steuerrechtlichen Behandlung mehrstufiger Personengesellschaften ist - abstrakt
gesprochen - darin zu sehen, dass es sich hierbei um ein Konstrukt handelt, wel-
ches aus (im Ergebnis durchaus sachgerechten) fiskalischen Gründen steuerlich
anders als der Regelfall behandelt wird. Hervorgerufen wird dies letztlich durch
den Umstand, dass die Obergesellschaft zwar Gesellschafterin in der Untergesellschaft, nicht aber Steuerpflichtsubjekt, der Obergesellschafter zwar Steuerpflichtsubjekt, nicht aber Gesellschafter in der Untergesellschaft ist. Es liegt die
Vermutung nahe, dass der Bruch mit dem Grundprinzip des Erfordernisses einer
unmittelbaren Beteiligung für die Mitunternehmerstellung zu Schwierigkeiten

---

[80] *BFH*, Beschluss v. 25.06.1984 - GrS 4/82, BStBl II 1984, 751, 761.

[81] *Henning*, DB 1985, 886, 887.

[82] Formulierung des *BFH*, Urteil vom 06.09.2000 - IV R 69/99, BStBl II 2001, 731, 733.

[83] Ähnlich *Felix*, KÖSDI 1994, 9767; *Rätke* in Hermann/Heuer/Raupach, § 15 EStG, Anm.
603.

[84] Hierzu *Seer*, StuW 1992, 35, 42.

bei der Rechtsanwendung führt. Diese Schwierigkeiten lassen sich allgemein wohl so formulieren, dass die „normalen" gesetzlichen Vorschriften für den „Normalfall" einer unmittelbaren Beteiligung konzipiert sind. Auf die Probleme, die der durch § 15 Abs. 1 Satz 1 Nr. 2 Satz 2 EStG kodifizierte dogmatische Bruch speziell hinsichtlich der Behandlung negativer Kapitalkonten aufwirft, wird im Rahmen vorliegender Untersuchung noch einzugehen sein[85].

Zweiter Abschnitt: **Zur allgemeinen Problematik der Behandlung negativer Kapitalkonten beschränkt haftender Gesellschafter im Einkommensteuerrecht**

I. **Steuerliche Anerkennung negativer Kapitalkonten bei beschränkter Haftung – „Verlustzuweisungsmodelle"**

Ein wesentlicher Grundsatz der Besteuerung von Personengesellschaften ist, dass dem Mitunternehmer nicht nur etwaige Gewinne aus Gewerbebetrieb unmittelbar zugerechnet werden, sondern auch auftretende Verluste. Im Wege des horizontalen Verlustausgleichs ist dann der Ausgleich mit anderen positiven Einkünften möglich. § 10d EStG lässt ferner - nunmehr in den Einschränkungen, die er durch das StEntlG 1999/2000/2002[86] sowie das Korb II-Gesetz vom 22.12.2003[87] erfahren hat - einen vertikalen Verlustausgleich zu. Diese Verlustverrechnungsmöglichkeiten auf Gesellschafterebene gelten in der Praxis als wesentlicher Vorteil der Personengesellschaft gegenüber der Kapitalgesellschaft[88] - dem dafür auch der Nachteil einer sofortigen Besteuerung unabhängig vom Zeitpunkt eines Liquiditätszuflusses gegenübersteht.

Die beschriebenen Verlustverrechnungsmöglichkeiten führten zum Phänomen der so genannten „Verlustzuweisungsgesellschaften"[89]. Diese waren vor Einführung des § 15a EStG typischerweise in der Rechtsform einer GmbH & Co. KG organisiert, wobei die GmbH als Komplementärin fungierte und mit nur sehr geringem Kapital ausgestattet war. Wegen der Haftungsbeschränkung des § 171 HGB drohte den Kommanditisten für den Fall eines wirtschaftlichen Fehlschlages keine Nachschusspflicht. Im Vordergrund der Wirtschaftlichkeit stand der planmäßige Einsatz negativer Kapitalkonten zur „Verlustproduktion" mit dem

---

[85] Siehe hierzu die Ausführungen im Dritten Abschnitt (ab S. 58).

[86] BGBl I 1999, 402.

[87] BGBl I 2003, 2840.

[88] Beck PersGes-HB/*Friedrich*, § 6 Rz. 129.

[89] Zur Bedeutung der Verlustzuweisungsgesellschaft trotz Einführung des § 15a EStG *Raupach/Böckstiegel*, FR 1999, 557 ff. mit Beispielen.

alleinigen Ziel der Steuerminimierung[90]. Hierzu bedienten sich die Initiatoren zumindest eines, unter Umständen auch mehrerer der nachfolgend genannten Elemente:

1) Anerkennung vorgezogener Aufwendungen

2) Auseinanderfallen von steuerlichem und „wirtschaftlichem" Gewinn

3) hohe Fremdfinanzierung/ Hebelwirkung des Fremdkapitals

4) Umwandlung von gewöhnlichen in tarifbegünstigte Einkünfte

5) Steuervergünstigungen (Sonderabschreibungen, erhöhte Absetzungen, steuerfreie Rücklagen)

Insbesondere der Einsatz von Fremdkapital erhöhte bei derartigen Modellen den Prozentsatz der Verlustzuweisung bezogen auf das eingesetzte Eigenkapital des Anlegers. Wurde etwa eine Anlage (z.B. Immobilie) zu 80% fremd finanziert und im ersten Jahr eine Sonderabschreibung in Höhe von 40% vorgenommen, betrug die eigenkapitalbezogene Abschreibungsquote 200%. Legt man einen Steuersatz in Höhe von 50% zugrunde, konnte der Anleger seine Einlage vollständig aus der Steuererstattung des ersten Jahres refinanzieren. Im Regelfall wurden Kommanditisten demnach Verluste weit über die erbrachten Einlagen zugewiesen, so dass bereits im ersten Jahr der Anlage die Steuererstattung die Einlagen kompensieren konnte, ohne dass dem eine entsprechende wirtschaftliche Belastung gegenüberstand - ein ungewollter Missbrauch des geltenden Systems. Auch volkswirtschaftlich gesehen, war die Vernichtung vom Milliarden in dubiosen Projekten sicherlich nicht gerade wünschenswert, wenn dies auch aus dem Lager der gestaltenden Steuerberatung zum Teil anders gesehen und das gesetzgeberischen Anliegen als „klassenkämpferische" sowie „blinde Bekämpfung eines Feindbildes" abgetan wurde, die auch „seriösen Projekten den Garaus mache"[91]. Zuzugeben ist diesem Einwand sicherlich, dass nicht in jeder Gestaltung ein Missbrauch gesehen werden sollte.

---

[90] Dazu *Kantwill*, SteuerStud 2004, 439.
[91] *Lempenau*, StuW 1981, 235, 236, 243 und 244.

II. § 15a EStG als Reaktion des Gesetzgebers

1. Entstehungsgeschichte und ratio legis des § 15a EStG

Auf die Praxis der Steuergestaltung durch Beteiligung an so genannten „Verlustzuweisungsgesellschaften" hat der Gesetzgeber im StÄndG v. 20.08.1980[92] durch Einführung des 15a EStG reagiert. Grundlage war ein Gutachten der Steuerreformkommission 1971, das die Auffassung vertrat, dass das negative Kapitalkonto eines Kommanditisten bilanziell gesehen letztlich den Charakter eines reinen „Luftpostens" habe, der steuerrechtlich keinen ausgleichsfähigen Verlust in der Person des Kommanditisten begründen dürfe[93].

Zweck des § 15a EStG ist daher allgemein, dem beschränkt haftenden Gesellschafter einer Personengesellschaft einen steuerlichen Verlustausgleich nur insoweit zu gewähren, als er wirtschaftlich durch Verluste belastet wird[94]. Es geht § 15a EStG um den Gleichlauf von Verlustausgleich und Haftungsumfang[95].

Im Interesse einer einfachen Handhabe der Bestimmung des Umfanges der wirtschaftlichen Belastung misst § 15a EStG diese lediglich anhand von zwei Tatbeständen: Kapital und Außenhaftung. Nicht geregelt ist die wirtschaftliche Belastung etwa aufgrund von Gesellschafterdarlehen oder Bürgschaften.

Über den Haftungsbetrag hinausgehende Verluste belasten Kommanditisten - sowie andere aus der unternehmerischen Tätigkeit nur beschränkt haftende Steuerpflichtige - nun im Entstehensjahr des Verlustes wirtschaftlich nicht, da sie diese nicht zu tragen haben. So ist etwa die Haftung des Kommanditisten auf die Höhe seiner Einlage beschränkt, soweit diese geleistet ist, ist die Haftung ausgeschlossen (§ 171 Abs. 1 HGB). Eine wirtschaftliche Belastung ergibt sich allerdings dann, wenn künftige Gewinnanteile zur Deckung vorangegangener Verluste zur Verfügung zu stellen sind (vgl. §§ 167 Abs. 3, 169 Abs. 1 HGB). Diese handelsrechtliche Verlusthaftung mit künftigen Gewinnanteilen stellt ein unternehmerisches Risiko dar. In diesem Umfang soll eine (spätere) steuerwirk-

---

[92] BGBl I 1980, 1545.

[93] Schriftenreihe des BMF, Heft 17, 1971, Tz. V 338.

[94] Statt vieler *BFH*, Beschluss v. 18.12.2003 - IV B 201/03, BStBl II 2004, 231, DB 2004, 357-358; BT-Drs. 8/3648, 1 und 15f.

[95] a.A: *Lüdemann* in Hermann/Heuer/Raupach, § 15a EStG, Anm. 9 unter Hinweis auf den Umstand, dass die Norm nicht alle Haftungsfälle berücksichtigt. Dies ist jedoch der vom Gesetzgeber gewollten Typisierung geschuldet und ändert nichts am grundsätzlichen Zweck der Norm.

same Verlustverrechnung dann auch ermöglicht werden (§§ 15a Abs. 2 und 4 EStG).

Neben § 15a EStG hat der Gesetzgeber im StEntlG 1999/2000/2002[96] Verlustzuweisungsgesellschaften durch Einführung des § 2b EStG einzudämmen versucht, wonach die Verlustnutzung aus Gesellschaften eingeschränkt wird, an denen man sich vordringlich zwecks Erzielung steuerlicher Vorteile beteiligt. Das „unabgestimmte" Nebeneinander von § 2b und § 15a EStG wird kritisiert[97].

2. Verfassungsmäßigkeit des § 15a EStG

An der Verfassungsmäßigkeit des § 15a EStG sind - insbesondere unter dem Gesichtspunkt, dass die Norm nicht nur Verlustzuweisungsgesellschaften trifft - Zweifel erhoben worden[98]. Der Bundesfinanzhof hat die Regelung jedoch als verfassungsgemäß eingestuft[99], was zum Teil ausdrücklich „bedauert" wird[100]. Die völlige Streichung des § 15a EStG, mit dem Argument, dem steuerlichen Missbrauch von Verlustzuweisungsgesellschaften sei durch diverse Urteile des Bundesfinanzhofes[101] zur Vermutung der fehlenden Einkünfteerzielungsabsicht ohnehin schon ein Riegel vorgeschoben worden, ist bislang vergeblich gefordert worden[102]. Eine Verfassungsbeschwerde ist anhängig[103]. Der Einfluss der neuesten Steuergesetzgebung, durch § 15b EStG Verlustzuweisungen aus Steuersparmodellen ohnehin nur noch in wenigen Ausnahmefällen über verschiedene Einkunftsquellen hinweg zum Abzug zuzulassen, bleibt abzuwarten. § 15a EStG wird hierdurch jedenfalls nicht obsolet, denn zumindest in Fällen ohne „modellhafte Gestaltung" wird er weiter zur Anwendung kommen.

§ 15a EStG ist nicht verfassungswidrig.

---

[96] BGBl I 1999, 402.

[97] *Hey* in Tipke/Lang, Steuerrecht, 18. Auflage 2005, § 18 Rz. 42.

[98] Siehe etwa *Jakob*, BB 1988, 887 ff.; sehr ausführlich *Lüdemann*, Verluste bei beschränkter Haftung, Diss. 1998, 224 ff.; jüngst *Paus*, NWB Fach 3, 13171, 13176 f.

[99] *BFH*, Beschluss vom 19.05.1987 - VIII B 104/85, BStBl II 1988, 5; Urteil vom 17.12.1992 - IX R 7/91, BStBl II 1994, 492; Urteil v. 09.05.1996 - IV R 75/93, BStBl II 1996, 474; Urteil vom 14.12.1999 - IX R 7/95, BStBl II 2000, 265.

[100] *Paus*, DStZ 2004, 448, 450 sowie StBp 2004, 357, 358; für eine Abschaffung des § 15a EStG auch *Kolbeck*, DB 1992, 2056, 2060.

[101] *BFH*, Urteil vom 21.08.1990 - VIII R 25/86, BStBl II 1991, 564 sowie Urteil vom 10.09.1991 - VIII R 39/86, BStBl II 1992, 328.

[102] *Kolbeck*, DB 1992, 2056, 2060; in diese Richtung tendiert auch *Sundermeier*, DStR 1994, 1477, 1480; siehe ferner schon die Forderungen des Deutschen Steuerberaterverbandes, Stbg 1987, 97 f.; jüngst erneut *Paus*, NWB Fach 3, 13171, 13192.

[103] *BVerfG*, Az.: 2 BvR 375/00.

Eine Verletzung des Übermaßverbots liegt nicht vor. Angenommen wurde dies unter der Prämisse, § 15a EStG ziele allein auf die Eindämmung von Verlustzuweisungsgesellschaften, weshalb der auf sämtliche Personengesellschaften bezogene Anwendungsbereich unverhältnismäßig sei[104]. Da der Gesetzeszweck „Gleichlauf von Verlustausgleich und Haftungsumfang" hinsichtlich aller Betätigungsformen beschränkt haftender Personengesellschafter Geltung beansprucht, können diese Bedenken jedoch nicht geteilt werden[105]. Ferner wäre vorrangig allenfalls eine verfassungskonforme Auslegung durch Begrenzung des Anwendungsbereichs auf Verlustzuweisungsgesellschaften geboten. Ein Gesetz kann nicht für nichtig erklärt werden, wenn eine der Verfassung nicht widersprechende Auslegung möglich ist[106].

Eine mögliche Verletzung des Bestimmtheitsgebots durch § 15a EStG muss ebenfalls verneint werden, da die Tatbestandsmerkmale trotz unter Umständen komplizierter Anwendung im Einzelfall hinreichend bestimmbar sind[107]. Die Einführung auslegungsbedürftiger Regelungen ist verfassungsrechtlich unbedenklich, auch sofern dies zahlreiche Anwendungsprobleme aufwirft[108]. Eines dieser Anwendungsprobleme zu lösen, ist gerade Gegenstand der vorliegenden Untersuchung.

Größere Bedenken sind demgegenüber im Hinblick auf eine mögliche Verletzung des Gleichheitssatzes angebracht. So hat der österreichische Verfassungsgerichtshof die § 15a EStG entsprechende Vorschrift des § 23a öEStG unter Gleichheitsgesichtspunkten für verfassungswidrig erklärt[109]. Zahlreiche Stimmen[110] halten auch § 15a EStG im Hinblick auf die Ungleichbehandlung wirtschaftlich gleich gelagerter Fälle von Innen- und Außenhaftung sowie der ver-

---

[104] Siehe *Jakob*, BB 1988, 887, 892 f.; bereits im Vorfeld der Einführung *Schulze-Osterloh*, FR 1979, 247, 248 f.

[105] *BFH*, Beschluss vom 19.05.1987 - VIII B 104/85, BStBl II 1988, 5 ff.; Urteil v. 09.05.1996 - IV R 75/93, BStBl II 1996, 474; siehe auch die Ausführungen in BT-Drs. 8/3648, 15; zusammenfassend *Lüdemann* in Hermann/Heuer/Raupach, § 15a EStG, Anm. 9 und 26.

[106] So schon *BVerfG*, Beschluss vom 07.05.1953 - 1 BvL 104/52, BVerfGE 2, 266, 282.

[107] *BFH*, Beschluss vom 19.05.1987 - VIII B 104/85, BStBl II 1988, 5 ff.; Urteil v. 09.05.1996 - IV R 75/93, BStBl II 1996, 474: „Die Gesetzesauslegung ist die seit jeher geübte Aufgabe der Rechtsprechung."

[108] *BVerfG*, Beschluss v. 08.01.1981 - 2 BvL 3/77 und 9/77, BVerfGE 56, 1.

[109] *Österreichischer Verfassungsgerichtshof*, Entscheidung v. 11.12.1985 - G 139/85-11, G 207/85-9, G 221/85-10, G 238/85-9, G 247/85-8, DB 1986, 1704.

[110] *von Beckenrath* in Kirchhof/Söhn/Mellinghoff, § 15a Rn. A 275 ff.; *Haarmann/Sagasser*, DB 1986, 1692, 1693 f.; *Lüdemann* in Hermann/Heuer/Raupach, § 15a EStG, Anm. 31; *Sieker*, FR 1988, 453, 467.

schiedenen Formen der Außenhaftung[111] für unvereinbar mit dem Gleichheitssatz.

Der Gleichheitssatz wäre verletzt, sofern durch § 15a EStG wesentlich Gleiches ungleich behandelt würde, ohne dass hierfür unter Beachtung der weiten Gestaltungsfreiheit des Gesetzgebers ein vernünftiger, sich aus der Natur der Sache ergebender oder sonstig sachlich einleuchtender Grund für eine Differenzierung ersichtlich wäre[112]. Das Bundesverfassungsgericht lässt im Hinblick auf die im Besteuerungsverfahren als Massenverfahren notwendige Typisierung und Pauschalierung Abweichungen vom Gleichheitssatz bereits dann zu, wenn die Abweichung durch das vom Gesetzgeber angestrebte Ziel gerechtfertigt werden kann[113]. Die Gesetzesmaterialien[114] verdeutlichen, dass der Gesetzgeber sich bei der Beschränkung des erweiterten Verlustausgleichs von der Erwägung leiten ließ, missbräuchlichen Gestaltungen (Verlustzuweisungsgesellschaften) vorzubeugen sowie den Kontrollaufwand gering zu halten (Steuervereinfachung). So kritisch man dies im Hinblick auf die Ausgestaltung des § 15a EStG auch sehen mag[115], ist jedoch nicht von der Hand zu weisen, dass dies im Lichte des Art. 3 GG durchaus sachgerechte Erwägungen sind, die den Maßstäben des Verfassungsrechts als Rechtfertigung einer Ungleichbehandlung genügen[116]. Dem Gesetzgeber steht bei der Erschließung von Steuerquellen weitgehende Gestaltungsfreiheit zu, denen Art. 3 GG eben nur die äußerste Grenze der Willkür setzt. Ob der Gesetzgeber im Einzelfall jeweils die zweckmäßigste, vernünftigste oder gar gerechteste Lösung gefunden hat, ist hingegen nicht Prüfungsmaßstab des Gleichheitssatzes[117].

Die für verfassungswidrig erklärte Norm des § 23a öEStG war zudem in einem wesentlichen Punkt enger gefasst als § 15a EStG: Sie kannte keinen erweiterten Verlustausgleich nach Maßgabe der im Handelsregister eingetragenen Haftsumme, sondern sah allein das Kapitalkonto als maßgeblich an. Insofern sind

---

[111] Dazu Zweiter Abschnitt, Gliederungspunkt II. 3. e) (S. 52) und f) (S. 54).

[112] Vgl. *BVerfG*, Urteil vom 23.10.1951 - 2 BvG 1/51, BVerfGE 1, 14, 52; Urteil v. 21.10.1980 - 1 BvR 179, 464/78, BVerfGE 55, 114, 128; Urteil v. 10.02.1987 - 1 BvL 18/81 und 20/82, BVerfGE 74, 182, 200; Beschluss v. 22.06.1995 - 2 BvR 552/91, BVerfGE 93, 165, 177 f.

[113] Ausführlich mit Nachweisen *Rüfner* in Dolzer/Vogel/Graßhof, Bonner Kommentar zum Grundgesetz, Art. 3 Rn. 208.

[114] BT-Drs. 8/3648, 16 f.; 8/4157, 3.

[115] Siehe insbesondere die Kritik bei *von Beckenrath* in Kirchhof/Söhn/Mellinghoff, § 15a Rn. A 245; *Haarmann/Sagasser*, DB 1986, 1692, 1694; *Lüdemann* in Hermann/Heuer/Raupach, § 15a EStG, Anm. 31.

[116] So auch *BFH*, Urteil vom 14.12.1999 - IX R 7/95, BStBl II 2000, 265.

[117] *BVerfG*, Beschluss vom 01.04.1971 - 1 BvL 22/67, BVerfGE 31, 8, 25.

die Überlegungen, die zur Verfassungswidrigkeit des § 23a öEStG führten, auf die bundesdeutsche Rechtslage nicht übertragbar[118], denn ausschlaggebend war vor allem der Umstand, dass nach österreichischem Recht derartige Verluste nicht in dem Wirtschaftsjahr Berücksichtigung fanden, in dem sie den Kommanditisten wirtschaftlich belasteten.

§ 15a EStG ist ungeachtet aller Kritik mit dem Verfassungsrecht vereinbar.

3. Systematik und Funktionsweise des § 15a EStG

a) Grundtatbestand

Gemäß § 15a Abs. 1 Satz 1 EStG als Grundtatbestand des § 15a EStG ist der Anteil am Verlust der KG insoweit nicht gemäß § 2 Abs. 3 EStG ausgleichs- oder gemäß § 10d EStG abzugsfähig, als dadurch ein negatives Kapitalkonto des Kommanditisten entsteht oder sich erhöht. Derartige Verluste sind als so genannte verrechenbare Verluste gemäß § 15a Abs. 4 EStG gesondert festzustellen, fortzuschreiben und nur mit künftigen Gewinnen aus derselben Tätigkeit nach Art des Verlustvortrages zu saldieren - so genannter „aufgeschobener Verlustausgleich"[119] oder auch „innerbetrieblicher Verlustvortrag"[120].

Die Beschränkung des Verlustausgleichs nach § 15a EStG gilt gemäß § 15a Abs. 5 EStG neben der Beteiligung als Kommanditist auch für andere Rechtsformen, wie beispielsweise der (atypisch) stillen Gesellschaft[121] oder einer Gesellschaft bürgerlichen Rechts, bei der der Gesellschafter nur beschränkt haftet. Die neuere Rechtsprechung des Bundesgerichtshofes[122], in der er der Schaffung einer „GbRmbH" durch einseitige Festlegung eine Absage erteilt hat, dürfte die Relevanz der GbR in diesem Zusammenhang stark eingeschränkt haben[123].

Die Definition des negativen Kapitalkontos war nach Einführung des § 15a EStG sehr umstritten[124]. Als Kapitalkonto im Sinne des § 15a EStG ist nach heute herrschender Auffassung für den Fall eines Kommanditisten nur das Ka-

---

[118] Dazu auch L. Schmidt, FR 1987, 594 f.

[119] BFH, Urteil v. 16.05.2002 - IV R 58/00, BStBl II 2002, 748.

[120] Rogall, BB 2004, 1819.

[121] Zu § 15a EStG und stiller Gesellschaft jüngst Frystatzki, EStB 2005, 39 f.

[122] BGH, Urteil vom 27.09.1999 - II ZR 371/98, BGHZ 142, 315, NJW 1999, 3483.

[123] Dazu Ley, KÖSDI 2004, 14374, 14386.

[124] Vgl. die zusammenfassenden Überblicke bei Kolbeck, DB 1992, 2056; L. Schmidt, DStZ 1992, 702, 703.

pitalkonto in der Gesamthandsbilanz der Kommanditgesellschaft zuzüglich seines Mehr- und abzüglich seines Minderkapitals aus Ergänzungsbilanzen anzusehen[125]. Während die Finanzverwaltung unter Berufung auf die Entstehungsgeschichte der Norm ursprünglich die Auffassung vertrat, das Kapitalkonto im Sinne des § 15a EStG stelle die Summe der Kapitalkonten des Gesellschafters aus der Steuerbilanz (einschließlich Ergänzungsbilanz) sowie der Sonderbilanz dar, ist sie nunmehr im Einklang mit der Rechtsprechung[126] ebenfalls der Meinung, Sonderkapital sei nicht als Kapital im Sinne des § 15a EStG zu berücksichtigen[127].

Den Argumenten der Rechtsprechung ist zuzustimmen. Der Umfang des Kapitalkontos im Sinne des § 15a EStG ist - wie der Bundesfinanzhof selbst in jüngerer Zeit feststellt[128] - gesetzlich nicht definiert. Schon handelsrechtlich bestand bis zur Einführung des § 264c HGB eine Unschärfe[129] hinsichtlich der Abgrenzung des Eigenkapitals eines Kommanditisten zum Fremdkapital.

Maßgeblich für die Bestimmung des Kapitalkontos im Sinne des § 15a EStG muss sein, dass der Kommanditist mit den im Gesellschaftsvermögen gebundenen und in der Ergänzungsbilanz aufgedeckten stillen Reserven haftet, während dies hinsichtlich des aktiven Sonderbetriebsvermögens nicht der Fall ist - so wie auch passives Sonderbetriebsvermögen nicht das Risiko mindert, die Einlage zu verlieren. Dieses Gesetzesverständnis ist zwar angesichts des Wortlautes des § 15a EStG nicht zwingend, betont aber den Zweck der Vorschrift. Es geht um den Gleichlauf von Verlustausgleich und Haftungsumfang. Für Verluste im Sonderbetriebsvermögen gibt es keine Haftungsbegrenzung. Auch ein beschränkt haftender Gesellschafter hat sie uneingeschränkt zu tragen[130].

---

[125] *Rodewald*, GmbHR 2004, 563; *Wacker* in L. Schmidt, EStG, 24. Auflage 2005, § 15a Rz. 83.

[126] *BFH*, Urteil v. 14.05.1991 - VIII R 31/88, BStBl II 1992, 167; siehe auch *BFH*, Urteil v. 30.03.1993 - VIII R 63/91, BStBl II 1993, 706.

[127] *BMF*, Schreiben vom 20.02.1992 - Az.: IV B 2 - S 2241 a - 8/92, BStBl I 1992, 123; v. 15.12.1993, Az.: IV B 2 - S 2241a - 57/93, BStBl I 1993, 976; v. 30.05.1997, Az.: IV B 2 - S 2241a - 51/93 II, BStBl I 1997, 627, DStR 1997, 1004; vgl. auch R 138d Abs. 1 und 2 EStR 2004.

[128] *BFH*, Beschluss v. 18.12.2003 - IV B 201/03, BStBl II 2004, 231, DB 2004, 357.

[129] So *Hempe/Siebels/Obermaier*, DB 2004, 1460; dazu auch *Klatte*, StuB 2000, 645, 647; *Theile*, BB 2000, 555, 556.

[130] Hervorgehoben bei *von Beckenrath* in Kirchhof/Söhn/Mellinghoff, EStG, § 15a Rdnr. B 75.

Ferner ist die vereinfachte Rechtsanwendung hervorzuheben[131]: Es entfällt die im Gesetz nicht geregelte Frage, wie ein negatives Kapitalkonto zu ermitteln ist, wenn Verluste der Gesellschaft und Verluste im Sonderbetriebsvermögen im selben Jahr zusammentreffen.

Der „Anteil am Verlust der Kommanditgesellschaft" im Sinne des § 15a EStG umfasst dementsprechend ausschließlich den Verlust laut Gesamthandsbilanz einschließlich eines Verlustes laut Ergänzungsbilanz. Vor diesem Hintergrund erklärt sich auch das Problem ungerechtfertigter Verlustverlagerungen in den Sonderbetriebsbereich[132] sowie das Saldierungsverbot verrechenbarer Verluste aus der Gesamthandsbilanz mit Gewinnen aus dem Sonderbetriebsvermögen[133].

Aus handelsrechtlicher Sicht ist zur Entstehung eines negativen Kapitalkontos anzumerken, dass - trotz des Umstands, dass der Kommanditist am Verlust der Gesellschaft nur bis zum Betrag seiner Haftsumme teilnimmt - eine Belastung seines Kapitalkontos nicht auf diesen Betrag begrenzt ist[134]. Verlustanteile werden dem Kapitalkonto somit in unbegrenzter Höhe zugeschrieben. Erst im Liquidations- oder Insolvenzfall kommt die Haftungsbegrenzung zum Tragen, denn dann kommt ein Ausgleich des Kapitalkontos mit künftigen Gewinnen nicht mehr in Betracht. Vorher wird - so § 264c Abs. 2 Satz 5 i.V.m. Satz 6 HGB - ein „nicht durch Vermögenseinlagen gedeckter Verlustanteil der Kommanditisten" bilanziert. Dies wird teilweise für irreführend gehalten, da die Kommanditisten insoweit ja tatsächlich keine Einstandspflicht trifft[135].

Selbst für den Fall, dass die Gesellschaft eine gesonderte Handelsbilanz aufstellt, ist im Rahmen des § 15a EStG - trotz des Umstandes, dass § 15a EStG an die handelsrechtliche Haftung des Kommanditisten anknüpft - die Steuerbilanz maßgeblich[136].

---

[131] *BFH*, Urteil v. 14.05.1991 - VIII R 31/88, BStBl II 1992, 167, 171.

[132] Hierzu *Kantwill*, SteuerStud 2004, 439, 441.

[133] Hierzu *BFH*, Urteil v. 13.10.1998 - VIII R 78/97, BStBl II 1999, 163, FR 1999, 33; *BMF*, Schreiben v. 15.12.1993 - IV B 2 - S 2241 a - 57/93, BStBl I 1993, 976.

[134] Ausführlich zu Verlustzurechnung beim Kommanditisten *Lempenau*, StuW 1981, 235, 236.

[135] *Hempe/Siebels/Obermaier*, DB 2004, 1460, 1461.

[136] *BFH*, Urteil v. 14.05.1991 - VIII R 31/88, BStBl II 1992, 167, 171; *Bolk*, FS FH Nordkirchen, 1997, 50.

b) Erweiterte Außenhaftung

Gemäß § 15a Abs. 1 Sätze 2 und 3 EStG ist der Anteil am Verlust der KG trotz des Entstehens eines negativen Kapitalkontos insoweit ausgleichs- oder abzugsfähig, als die im Handelsregister eingetragenen Hafteinlage die seitens des Kommanditisten geleistete Einlage übersteigt.

Derartige Konstellationen sind in Anlehnung an die Zusammenstellung von *Bolk*[137] denkbar, sofern

- von vornherein eine die Haftsumme unterschreitende Einlage geleistet wird, § 171 Abs. 1 i.V.m. § 172 Abs. 1 HGB;

- Einlagen zurückgezahlt werden, § 172 Abs. 4 Satz 1 HGB;

- Gewinnanteile trotz Minderung unter die Hafteinlage entnommen werden, § 172 Abs. 4 Satz 2 HGB.

Angesichts der in diesen Fällen eingreifenden persönlichen Haftung des Kommanditisten gegenüber Gesellschaftsgläubigern ist bis zur Höhe des Betrages der überschießenden Außenhaftung ein gegenüber dem Grundtatbestand des § 15a EStG erweiterter Verlustausgleich möglich. Umgekehrt scheidet er gemäß § 15a Abs. 1 Satz 3 EStG aus, wenn eine Inanspruchnahme des Kommanditisten praktisch ausgeschlossen erscheint[138]. Auch diese Ausführungen gehen konform mit der erwähnten[139] Zwecksetzung des Gleichlaufs von Verlustausgleich und Haftungsumfang sowie wirtschaftlicher Belastung. Die Möglichkeit des erweiterten Verlustausgleichs ist ein Wahlrecht, von dem der Kommanditist keinen Gebrauch machen muss[140].

Für andere Fälle erweiterter Außenhaftung sehen Finanzverwaltung und Rechtsprechung Verluste nicht als ausgleichsfähig an, sofern diese zur Entstehung eines negativen Kapitalkontos führen. Beispielsfälle sind § 172 Abs. 2 HGB,

---

[137] *Bolk*, FS FH Nordkirchen, 1997, 63 f.

[138] Dazu *Lüdemann* in Hermann/Heuer/Raupach, § 15a EStG, Anm. 121 ff.

[139] Zweiter Abschnitt, Gliederungspunkt II. 1. (S. 38).

[140] *Bitz* in Littmann/Bitz/Hellwig, Einkommensteuerrecht, § 15a Rz. 29; *Wacker* in L. Schmidt, EStG, 24. Auflage 2005, § 15a Rz. 123 unter zutreffendem Hinweis auf die bestehende Nachweispflicht; a.A.: *von Beckenrath* in Kirchhof/Söhn/Mellinghoff, EStG, § 15a Rdnr. C 230 ff.; ausführlich *Lüdemann*, Verluste bei beschränkter Haftung, Diss. 1998, 162 ff.

der eine Außenhaftung bei nicht eingetragener, aber bekannt gemachter Kapitalerhöhung vorsieht; die Außenhaftung gemäß § 176 HGB wegen Geschäftsaufnahme vor Eintragung sowie die Außenhaftung in Fällen von Gesellschafterbürgschaften[141]. Grenzen der erwähnten Zwecksetzung scheinen mithin durch den Wortlaut und eine anzustrebende einfache Handhabe des § 15a EStG gesetzt zu werden - ein Aspekt, der die Untersuchung von Sonderkonstellationen im Rahmen des § 15a EStG nahe legt und die Frage aufwirft, unter welchen Gesichtspunkten diese behandelt werden, denn auch die Behandlung negativer Kapitalkonten in doppelstöckigen Personengesellschaften ist letztlich nichts anderes als eine Sonderkonstellation im Anwendungsbereich des § 15a EStG.

c)   Sonderproblem: § 15a EStG und Einlagen

aa)   Einlagen im Verlustentstehungsjahr

Gemäß § 15a Abs. 3 EStG ist der in den Vorjahren mögliche Verlustausgleich rückgängig zu machen, sofern ein Kommanditist Entnahmen tätigt, die nicht zur Entstehung einer erweiterten Haftung führen. Der umgekehrte Fall der Einlageerhöhung und deren Einfluss auf den Verlustausgleich gemäß § 15a EStG ist gesetzlich nicht geregelt.

Für Einlagen im Verlustentstehungsjahr („zeitkongruente Einlagen") gilt Folgendes: Da nur der die Einlagen übersteigende Verlust zu einer Entstehung oder Erhöhung eines negativen Kapitalkontos führen kann, werden diese - selbst wenn das Kapitalkonto trotz Bewirkens der Einlage negativ geblieben sein sollte - zum Verlustausgleich herangezogen. Sie beeinflussen direkt den Endstand des Kapitalkontos am Bilanzstichtag und sind daher im Rahmen des vom Gesetz vorgeschriebenen Kapitalkontenvergleiches zwingend zu berücksichtigen. Unter dem Gesichtspunkt der Zielsetzung des § 15a EStG besteht auch kein Grund, Verluste als nicht ausgleichsfähig zu qualifizieren, soweit sie durch Einlagen abgedeckt sind. Insoweit ist der Kommanditist schließlich bereits im Jahr der Einlage wirtschaftlich belastet[142]. Ein Verlust des Wirtschaftsjahres ist in jedem Fall in Höhe der zeitkongruenten Einlage ausgleichsfähig.

---

[141] Dazu *Lüdemann* in Hermann/Heuer/Raupach, § 15a EStG, Anm. 111.

[142] *BFH*, Urteil v. 14.12.1995 - IV R 106/94, BStBl II 1996, 226.

bb) Vorgezogene Einlagen

Über die Frage, wie hoch das Verlustausgleichspotenzial in Folgejahren nach Einlagenerhöhung ist, sofern der Verlust erst in Folgejahren entsteht (so genannte „vorgezogene Einlage"), herrschen in Rechtsprechung[143] und Finanzverwaltung[144] unterschiedliche Auffassungen. Während die Rechtsprechung auf dem Standpunkt steht, durch die Einlageerhöhung werde generell ein Verlustausgleichspotenzial in Höhe der Einlage geschaffen, ist nach Verwaltungsauffassung ein Verlustausgleich nur zulässig, soweit durch die Einlage ein positives Kapitalkonto entsteht, denn in Höhe der Auffüllung des negativen Kapitalkontos gehe sie für einen späteren Verlustausgleich verloren.

Die wirtschaftlichen Auswirkungen dieser Auffassungen differieren erheblich: Ein Verlust, der zur Entstehung oder Erhöhung eines negativen Kapitalkontos führt, hat nach Auffassung der Rechtsprechung - trotz des Umstands, dass die gesamte Einlage nicht zu ausgleichsfähigen Verlusten geführt hat - sofort Steuerminderzahlungen oder -erstattungen zur Folge. Nach Auffassung der Finanzverwaltung ist dies erst der Fall, wenn durch spätere Gewinne das Kapitalkonto positiv wird. Ein früherer Zeitpunkt möglicher Verlustnutzung bedeutet aus betriebswirtschaftlicher Sicht einen positiven Zinseffekt. Je nach Höhe des individuellen Kalkulationszinsfusses, des betroffenen Verlustvolumens, des zugrundezulegenden Steuersatzes sowie der Dauer des maßgeblichen Zeitraumes kann dieser Zinseffekt erhebliche Bedeutung haben.

Diese Differenzen zeigen bereits deutlich, dass die in § 15a EStG getroffenen Regelungen unzureichend sind[145]. Die Finanzverwaltung argumentiert mit dem Wortlaut der Norm, die Rechtsprechung stellt maßgeblich auf ihren Zweck ab und liefert damit ein Beispiel einer den Wortlaut der Vorschrift korrigierenden Rechtsfortbildung. Folgt man dem Wortlaut des § 15a EStG, so sind über die Höhe eines eventuellen positiven Kapitalkontos hinausgehende Verluste in der Tat als lediglich verrechenbar zu qualifizieren, denn sie führen insoweit zur Entstehung oder aber Vertiefung eines negativen Kapitalkontos. Eine strikte Orientierung am Wortlaut des § 15a EStG führt jedoch zu sinnwidrigen Ergebnissen.

---

[143] *BFH*, Urteil v. 14.10.2003 - VIII R 32/01, BStBl II 2004, 359; zustimmend *Carlé*, BeSt 2004, 3, 4; *Kantwill*, SteuerStud 2004, 439, 442; *Niehus/Wilke*, FR 2004, 677, 684; *Rogall*, BB 2004, 1819, 1821; *Wacker*, HFR 2004, 135.
[144] Nichtanwendungserlass des *BMF*, Schreiben v. 14.4.2004, Az.: IV A 6 - S 2241a - 10/04, BStBl I 2004, 463, DStR 2004, 773; *OFD Frankfurt a.M.* v. 17.01.2002 - S 2241 a A - 11 - St II 21, NWB Fach 3, 11909.
[145] So auch *Rogall*, BB 2004, 1819.

Vor dem Hintergrund des Zweckes des § 15a EStG und der für den Verlustausgleich entscheidenden wirtschaftlichen Belastung des Kommanditisten kommt es nicht darauf an, ob das Kapitalkonto erneut negativ wird. Zusätzliche Einlagen dienen unabhängig von diesem Umstand als zusätzliches Risikokapital[146]. Ein Kommanditist wird im Falle des Verlustes einer vorgezogenen Einlage ebenso wie im Falle des Verlustes einer zeitlich kongruenten Einlage wirtschaftlich belastet. Auch ist der Auslegung der Finanzverwaltung die Regelung zur erweiterten Außenhaftung entgegenzuhalten: Würde der Kommanditist statt der Leistung einer zusätzlichen Einlage im selben Umfang seine Haftsumme erhöhen, wäre ein zusätzlicher Verlust - trotz Entstehens oder Erhöhung eines negativen Kapitalkontos - gemäß § 15a Abs. 1 Satz 2 EStG ausgleichsfähig. Leistete der Kommanditist hingegen neben der Aufstockung der Haftsumme eine entsprechende Einlage, bestünde keine überschießende Außenhaftung und demnach auch keine Ausgleichsfähigkeit gemäß § 15a Abs. 1 Satz 2 EStG - die Einlageleistung würde unter diesem Gesichtspunkt dem Kommanditisten zum Nachteil gereichen. Nicht interessengerecht erscheint auch der Vergleich mit der zeitkongruenten Einlage, die unstreitig entsprechendes Verlustausgleichsvolumen generiert[147]. All dies ist offensichtlich wertungswidersprüchlich[148]. Der Gesetzgeber hat die Nachwirkungen hinsichtlich des Verlustausgleichs „unverbrauchter" Einlagen schlichtweg nicht bedacht und daher diesem Problem bei Formulierung des § 15a EStG nicht Rechnung getragen. Insofern kann im Sinne der Rechtsprechung zutreffend von einer „verdeckten Regelungslücke" gesprochen werden. Diesbezüglich wird zwar darauf hingewiesen[149], dass die Frage der Leistung von Einlagen Gegenstand der Beratungen im Finanzausschuss des Bundestages war[150]. Allerdings handelt es sich insofern wohl lediglich um eine „Randbemerkung"[151], die nicht erkennen lässt, dass sich der Gesetzgeber der Bedeutung dieser Fragestellung bewusst gewesen ist oder diese dadurch gar entschieden haben wollte.

Die technische Umsetzung der Schließung dieser Regelungslücke findet nach Auffassung des Bundesfinanzhofes[152] in Form eines außerbilanziellen Korrekturpostens statt, in dem der nicht zum sofortigen Verlustausgleich verbrauchte Betrag der Einlage festzuhalten ist und durch den künftige - nach dem Geset-

---

[146] So zutreffend *Rogall*, BB 2004, 1819, 1822 mit Beispiel.

[147] Siehe oben Zweiter Abschnitt, Gliederungspunkt II. 3. c) aa) (S. 46).

[148] BFH, Urteil v. 14.10.2003 - VIII R 32/01, BStBl II 2004, 359; DStR 2004, 24; *Niehus/Wilke*, FR 2004, 677, 678; *Rogall*, BB 2004, 1819, 1822; *Wacker*, DB 2004, 11, 12.

[149] *Claudy/Steger*, DStR 2004, 1504, 1506.

[150] Siehe BT-Drs. 8/4157, 3.

[151] So zutreffend *Paus*, DStZ 2004, 448, 449.

[152] *BFH*, Urteil v. 14.10.2003 - VIII R 32/01, BStBl II 2004, 359, Tz. II. 4 a der Entscheidungsgründe.

zeswortlaut eigentlich nur verrechenbare - Verluste in ausgleichsfähige umqua-lifiziert werden. Der Korrekturposten bewirkt mithin das Vorliegen zusätzlichen Ausgleichspotenzials außerhalb des Kapitalkontos, auch sofern diese Verluste zur Entstehung oder Erhöhung eines negativen Kapitalkontos geführt haben. Eine vergleichbare Behandlung findet sich im Gesetz für den bereits beschrie-benen Fall einer überschießenden Außenhaftung[153].

Dem wird allerdings zu Recht entgegengehalten, dass so eine anzustrebende einfache Handhabe des § 15a EStG unterlaufen wird[154]. Aus Sicht der Praxis wird die „Endlosreihe" von unterschiedlichsten Korrekturposten und deren kaum zu bewältigende Fortentwicklung und Abgleichung beklagt[155]. Die Lö-sung der Rechtsprechung ist nicht so einfach umzusetzen, wie das auf den ers-ten Blick erscheinen mag. Zur Verhinderung ungewollter steuermindernder Gestaltungen ist bei Bildung des Korrekturpostens nämlich zusätzlich darauf zu achten, inwiefern ein Entnahmeüberhang vorliegt. Vorgezogene Einlagen sollen natürlich nicht zu Verlustausgleichspotenzial führen, sofern durch sie ein Ent-nahmeüberhang zurückgeführt wird[156] - eine zusätzliche Verkomplizierung der Umsetzung von § 15a EStG.

Ausgehend von der oben aufgeworfenen Frage, nach welchen Maßstäben die Behandlung von Sonderkonstellationen im Rahmen des § 15a EStG erfolgt, lässt sich demzufolge festhalten, dass der Wortlaut des § 15a EStG den wirt-schaftlichen Gegebenheiten in Fällen der „vorgezogenen" Einlageerhöhung nicht hinreichend Rechnung trägt. Zu sachgerechten Ergebnissen führt in diesen Fällen vielmehr eine teleologische Auslegung orientiert am Regelungsplan des Gesetzes und seiner Entstehungsgeschichte, jedoch gegen den Wortlaut der Norm. Die Sachgerechtigkeit der Ergebnisse (Gewährleistung der steuerlichen Berücksichtigung tatsächlich erlittener Verluste) führt dabei allerdings tenden-ziell zu einer Verkomplizierung der Handhabung der Norm.

---

[153] Siehe oben Zweiter Abschnitt, Gliederungspunkt II. 3. b) (S. 45).

[154] *Claudy/Steger*, DStR 2004, 1504, 1506; diese Sorge teilt auch die Anmerkung von *HG*, DStR 2004, 28.

[155] Insoweit eindrucksvoll die Beispiele zum „System" der Korrekturposten im Rahmen der Bilanz der Personengesellschaft: Anmerkung von *HG*, DStR 2004, 28; siehe ferner *Nie-hus/Wilke*, FR 2004, 677, 678 ff.; *Wacker*, DB 2004, 11, 12 ff.

[156] *Claudy/Steger*, DStR 2004, 1504, 1507 werfen dem BFH vor, er berücksichtige das Prob-lem des Entnahmeüberhanges nicht. Allerdings gab der zu entscheidende Fall hierzu auch keinen Anlass.

cc) Nachträgliche Einlagen

Für den Fall einer nachträglichen Einlageerhöhung[157] - mithin der Leistung von Einlagen nachdem bereits in früheren Wirtschaftsjahren verrechenbare Verluste entstanden und am Bilanzstichtag des vorangegangenen Jahres noch gesondert festgestellt waren - vertritt die Rechtsprechung[158] die Auffassung, dass spätere Einlagen nicht zu einer Umwandlung verrechenbarer in ausgleichsfähige Verluste führen. Dem Wortlaut der Norm wird der Vorrang gegenüber der ratio legis eingeräumt. Insofern werden nicht (so wie im Falle der „vorgezogenen Einlage") die wirtschaftliche Belastung und der Zweck der Norm, sondern der Zeitpunkt der Einlageleistung und damit der gesetzgeberische Vereinfachungsgedanke in den Vordergrund gestellt. In diesem Zusammenhang ist festzustellen, dass die Umqualifizierung verrechenbarer in ausgleichsfähige Verluste unter Umständen weniger kompliziert sein könnte, als diese verrechenbaren Verluste in Form gesonderter Feststellungen über Jahre hinweg fortzuschreiben[159]. Erst im Zeitpunkt der Veräußerung oder Aufgabe des Mitunternehmeranteiles führen demnach nachträgliche Einlagen zur Umqualifizierung bislang verrechenbarer in ausgleichsfähige Verluste - der Besteuerung nach der Leistungsfähigkeit wird durch Verlustberücksichtigung in späteren Veranlagungszeiträumen Rechnung getragen[160]. Im Hinblick auf den möglicherweise sehr großen zeitlichen Abstand kann unter betriebswirtschaftlichen Gesichtspunkten lediglich von einer Scheinlösung gesprochen werden.

Dieses Ergebnis lässt sich zugegebenermaßen mit der Überlegung rechtfertigen, dass erst bei Beendigung der Mitgliedschaft feststeht, dass der Gesellschafter seine nachträgliche Einlage nicht wieder entnimmt und demnach endgültig wirtschaftlich belastet ist[161]. Dennoch muss sich der Bundesfinanzhof im Hinblick auf die Behandlung „vorgezogener" Einlagen[162] wohl zu Recht vorwerfen lassen, mit seiner Rechtsprechung keine einheitliche Linie zu verfolgen[163], zumal

---

[157] Dazu *Bolk*, FS FH Nordkirchen, 1997, 65; *Groh*, DB 1990, 13, 15 f.; siehe auch R 138d Abs. 4 EStR 2004.

[158] *BFH*, Urteil v. 14.12.1995 - IV R 106/94, BStBl II 1996, 226, DB 1996, 810; *BFH*, Urteil v. 28.03.2000, VIII R 28/98, BStBl II, 347, DStR 2000, 771.

[159] *Paus*, DStZ 2004, 448, 449.

[160] Die Besteuerung nach der Leistungsfähigkeit verlangt nicht zwingend eine sofortige Verlustberücksichtigung: *BFH*, Beschluss v. 9.5.2001 - XI B 151/00, BStBl II 2001, 552, DStR 2001, 1109; a.A. offenbar *Paus*, DStZ 2004, 448, 449.

[161] *Claudy/Steger*, DStR 2004, 1504, 1508.

[162] Dazu soeben Zweiter Abschnitt, Gliederungspunkt II. 3. c) bb) (S. 47).

[163] Diesen Vorwurf erheben insbesondere *Claudy/Steger*, DStR 2004, 1504, 1508, die nicht nachvollziehen können, dass dem BFH die Widersprüchlichkeit seiner Vorgehensweise in Bezug auf vorgezogene und nachträgliche Einlage nicht bewusst wird.

man sich eines vor Augen halten muss: Nachträgliche Einlagen wirken bei Fortbestehen der Gesellschaft immer auch in die Zukunft - der Augleich soll demnach doch wieder möglich sein, soweit in den nachfolgenden Wirtschaftsjahren Verluste anfallen[164]. Insofern vermag auch das Differenzierungskriterium „zukunftsgerichtete Wirkung" und damit Verlustausgleich im Falle vorgezogener Einlagen auf der einen, „Stichtagsprinzip - keine vergangenheitsbezogene Wirkung" nachträglicher Einlagen auf der anderen Seite[165], nicht zu überzeugen.

Bezogen auf die Fragestellung, nach welchen Kriterien sich die Behandlung von Sonderkonstellationen im Rahmen des § 15a EStG richtet, lässt sich aus der Behandlung nachträglicher Einlagen der Schluss ziehen, dass für diesen Fall der Wortlautinterpretation sowie dem gesetzgeberischen Vereinfachungsanliegen der Vorzug gegenüber einer an Sinn und Zweck des Gesetzes orientierten Einzelfallgerechtigkeit eingeräumt wird - genau spiegelbildlich der Handhabe im Falle vorgezogener Einlagen.

d) Sonderproblem: § 15a EStG und Entnahmen

Gemäß § 15a Abs. 3 EStG führen Entnahmen im Gesamthandsbereich[166] zu einer Gewinnerhöhung und der Verlustausgleich ist rückgängig zu machen, sofern dies die Entstehung oder Erhöhung eines negativen Kapitalkontos verursacht und in den vorangegangenen zehn Wirtschaftsjahren Verlustanteile des Kommanditisten ausgleichsfähig waren. Die Einführung dieser zeitlichen Grenze erfolgte aus Praktikabilitätsgründen[167] - auch an dieser Stelle wird deutlich, dass Praktikabilität ein wichtiger Gesichtspunkt bei der Umsetzung des § 15a EStG sein sollte. Die entsprechenden Verluste sind gemäß § 15a Abs. 3 Satz 4 EStG nur noch verrechenbar. WACKER[168] spricht insofern von einer „Umpolung" des Verlustausgleichs in verrechenbare Verluste. Hintergrund dieser Regelung ist, die Umgehung des Verlustausgleichsverbotes des § 15a Abs. 1 EStG durch Einlagen und spätere Entnahmen zu verhindern[169]. Dementsprechend erfolgt auch keine Umwidmung, wenn die Entnahme ein Wiederaufleben der Haftung gemäß § 171 Abs. 1 i.V.m. 172 Abs. 1 und 2 HGB verursacht - etwa im

---

[164] Anmerkung von *HG*, DStR 2004, 28.

[165] Dazu *Wacker*, DB 2004, 11, 12.

[166] Entsprechend obigen Ausführungen im Zweiten Abschnitt, Gliederungspunkt II. 3. a) (S. 42) beeinflussen Entnahmen im Sonderbereich die Verlustverrechnung gemäß § 15a EStG nicht.

[167] *Wacker* in L. Schmidt, EStG, 24. Auflage 2005, § 15a Rz. 159.

[168] *Wacker* in L. Schmidt, EStG, 24. Auflage 2005, § 15a Rz. 180.

[169] *Bolk*, FS FH Nordkirchen, 1997, 67; *Rogall*, BB 2004, 1819, 1820.

Falle der Gewährung unangemessen hoher Bezüge des Kommanditisten durch die Gesellschaft[170]. Insofern kommt wiederum das Grundprinzip „Gleichlauf von Verlustausgleich und Haftungsumfang" zum Tragen.

Aus der Behandlung von Entnahmen als Sonderproblem im Rahmen des § 15a EStG lässt sich ableiten, dass diese wiederum grundsätzlich orientiert am Gesetzeszweck „Gleichlauf von Verlustausgleich und wirtschaftlicher Belastung", allerdings begrenzt durch Praktikabilitätsgesichtspunkte erfolgt.

e) Sonderproblem: Einfluss eigenkapitalersetzender Darlehen auf das Kapitalkonto im Sinne des § 15a EStG

Im Falle einer GmbH & Co. KG kann sich unter Umständen die Frage stellen, inwieweit kapitalersetzende Darlehen als Teil des Kapitalkontos des Kommanditisten im Sinne des § 15a EStG zu verstehen sind.

Als eigenkapitalersetzend sind Darlehen zu qualifizieren, wenn die Gesellschaft zum Zeitpunkt ihrer Gewährung von dritter Seite keinen Kredit mehr zu marktüblichen Konditionen erhalten hätte[171]. Derartige Darlehen können gemäß §§ 172a HGB i.V.m. §§ 32a, 32b GmbHG im Insolvenzverfahren nur letztrangig geltend gemacht werden. Hiervon betroffene Kommanditisten sind an der Einbeziehung in das für § 15a EStG maßgebliche Kapitalkonto regelmäßig interessiert, da sich insofern das potenzielle Ausgleichsvolumen erhöht.

Die Finanzverwaltung sowie die Rechtsprechung qualifizieren eigenkapitalersetzende Darlehen angesichts ihres (handels- und steuerrechtlichen) Fremdkapitalcharakters als Forderungen im Sonderbetriebsvermögen des Kommanditisten und daher als nicht zum Kapitalkonto im Sinne des § 15a EStG gehörig[172]. Letztlich regele der Wortlaut des § 15a EStG nicht alle Fälle der erweiterten Außenhaftung. So falle die wirtschaftliche Belastung aufgrund einer Haftung mit Gesellschafterdarlehen eben nicht darunter.

---

[170] *Bolk,* FS FH Nordkirchen, 1997, 68.

[171] Fundstelle statt vieler *Karsten Schmidt,* Gesellschaftsrecht, 4. Auflage 2002, 535 m.w.N.

[172] *BMF,* Schreiben vom 24.11.1993, Az.: IV B 2 - S 2241 a - 51/93, BStBl I 1993, 934, 935; Schreiben vom 30.05.1997, Az.: IV B 2 - S 2241 a - 51/93 II, BStBl I 1997, 627 Tz. 6.; zustimmend *BFH,* Urteil v. 28.03.2000, VIII R 28/98, BStBl II, 347, DStR 2000, 771; Beschluss v. 01.10.2002 - IV B 91/01, BFH/NV 2003, 304; auch *Lüdemann* in Hermann/Heuer/Raupach, § 15a EStG, Anm. 91.

Die Gegenauffassung[173] begründet eine Einbeziehung mit dem Zweck des § 15a EStG, den Verlustausgleich entsprechend der Haftungssituation zu ermöglichen. Bei wirtschaftlicher Betrachtung entspreche die Haftungssituation im Falle eigenkapitalersetzender Darlehen der beim Eigenkapital, denn der Kommanditist hafte insofern sowohl gemäß §§ 32a, 32b GmbHG (insolvenzrechtlicher Schutz) als auch nach der Rechtsprechung des Bundesgerichtshofes[174] zur analogen Anwendung der §§ 30, 31 GmbHG (gesellschaftsrechtlicher Schutz). Die vom Kommanditisten zur Verfügung gestellten Fremdmittel werden mithin zivilrechtlich zugunsten der Gläubiger wie haftendes Kapital, also wie Einlagen behandelt. Ferner wird auf diese Weise die Haftung gemäß § 171 Abs. 1 und § 172a HGB steuerlich unterschiedlich gewertet - letztlich eine Ungleichbehandlung wirtschaftlich gleich gelagerter Sachverhalte und unter Umständen sogar ein Verstoß gegen den Gleichheitssatz des Art. 3 GG[175].

Ähnliche Bedenken ergeben sich im Übrigen für Forderungen des Kommanditisten gegenüber der Gesellschaft mit „kapitalersetzendem Charakter". Dies sind Forderungen, deren Rückzahlung im Falle der Insolvenz der Gesellschaft vertraglich ausgeschlossen wurde. Allerdings kommt ihnen steuerrechtlich ebenfalls der Charakter von Sonderbetriebsvermögen zu. Ferner erscheint bedenklich, dass dies ein Haftungstatbestand ist, der nicht durch Handelsregistereintragung dokumentiert ist[176] und unter dem Aspekt der Rechtssicherheit oft streitig sein kann, ob einem Darlehen kapitalersetzende Funktion zukommt[177]. Für Finanzplandarlehen bejaht der Bundesfinanzhof hingegen nach neuester Rechtsprechung die Einbeziehung in das für § 15a EStG maßgebliche Kapitalkonto trotz des gesetzgeberischen Vereinfachungsanliegens sowie der Rechtsprechung zum Eigenkapitalersatz, an der er ausdrücklich festhält[178]. Finanzplandarlehen seien demgegenüber materielles Eigenkapital. Die „Falschbezeichnung" als Darlehen sei unschädlich.

---

[173] *Bordewin*, DStR 1994, 673, 676; *Knobbe-Keuk*, Bilanz- und Unternehmenssteuerrecht, 9. Auflage, 496; *Kolbeck*, DB 1992, 2056, 2058 m.w.N.; *Korn*, KÖSDI 1994, 9907, 9910; *Meilicke*, DB 1992, 1802; *Prinz/Thiel*, DStR 1994, 341, 345; *L. Schmidt*, DStZ 1992, 702, 704; ferner EStG, 19. Auflage (2000), § 15a Rz. 89.
[174] *BGH*, Urteil vom 26.03.1984 - II ZR 14/84, BGHZ 90, 371, 378, NJW 1984, 1891.
[175] Nach hier vertretener Auffassung ist das verfassungsrechtliche Gleichbehandlungsgebot allerdings nicht tangiert; siehe die Ausführungen zur Verfassungsmäßigkeit des § 15a EStG im Zweiten Abschnitt, Gliederungspunkt II. 2. (S. 39).
[176] Ausweislich der Gesetzesbegründung sollten solche gerade nicht zu Verlustausgleichsmöglichkeiten führen: BT-Drs. 8/3648, 16 f.
[177] *Bitz* in Littmann/Bitz/Hellwig, Einkommensteuerrecht, § 15a Rz. 28, 28b.
[178] *BFH*, Urteil vom 07.04.2004 - IV R 24/03, BStBl II 2005, 598; anders noch die Vorinstanz *Schleswig-Holsteinisches Finanzgericht*, Urteil vom 26.10.2004 - 5 K 336/02, StE 2004, 760.

Beleuchtet man den Streit um die Einbeziehung eigenkapitalersetzender Gesellschafterdarlehen in das Verlustausgleichsvolumen des § 15a EStG, so wird bezogen auf die Frage nach der allgemeinen Behandlung von Sonderkonstellationen im Rahmen des § 15a EStG wiederum deutlich, dass auch dieser Streit sich letztlich um die Entscheidung zwischen Betonung der Zwecksetzung des §15a EStG auf der einen sowie einer streng wortlaut- und vereinfachungsorientierten Gesetzesauffassung auf der anderen Seite dreht.

f) Sonderproblem: Einfluss von Bürgschaften auf das Kapitalkonto im Sinne des § 15a EStG

Auch bei der Außenhaftung des Kommanditisten aufgrund von Bürgschaften für die Gesellschaft stellt sich die Frage, inwiefern diese das Verlustausgleichsvolumen erhöht. Für die Rechtsprechung[179] sind Gesetzeswortlaut und Vereinfachungsanliegen des Gesetzgebers, der ausdrücklich auf Bürgschaften eingegangen ist[180], insoweit eindeutig: Gemäß § 15a Abs. 1 Satz 2 EStG bestimmt sich das Kapitalkonto im Sinne dieser Vorschrift grundsätzlich nach der "geleisteten Einlage". Sofern diese aufgezehrt ist, komme ein Verlustausgleich nach dem Willen des Gesetzgebers und dem Wortlaut der Norm nur noch unter den in § 15a Abs. 1 Satz 2 EStG genannten engen Voraussetzungen in Betracht.

Zusätzlich sieht der Bundesfinanzhof sich in der erwähnten Entscheidung durch den Gesetzeszweck bestätigt. Der Kommanditist nehme an Verlusten nur insoweit teil, als künftige Gewinne erzielt werden. Eine für die Schulden der Kommanditgesellschaft seitens des Kommanditisten übernommene Bürgschaft ändere daran wegen des Rückgriffsanspruchs gemäß § 774 BGB typischerweise nichts.

Diesen Ausführungen ist schon entgegenzuhalten, dass sich ein Rückgriffsanspruch auch für eine Haftung gemäß § 171 HGB ergibt - nämlich aus § 110 HGB. Sogar gegen die Mitgesellschafter wird ein Erstattungsanspruch bejaht, sofern eine Befriedigung aus dem Gesellschaftsvermögen nicht möglich ist[181]. Dieses Argument macht ferner allenfalls Sinn, solange der Rückgriffsanspruch werthaltig ist. Allerdings soll auch das Wertloswerden der Ersatzforderung und eine demgemäß eintretende wirtschaftliche Belastung des Gesellschafters im Umfange der Bürgschaft keine Erhöhung des Verlustausgleichsvolumens zur

---

[179] *BFH*, Beschluss vom 13.11.1997 - IV B 119/96, BStBl II 1998, 109.
[180] Dazu BTDrs 8/3648, 16 f.
[181] So bereits *BGH*, Urteil vom 02.07.1962 - II ZR 204/60, BGHZ 37, 299, 301 f.

Folge haben[182] - vor dem Hintergrund des Zwecks des § 15a EStG „Gleichlauf von Verlustausgleich und Haftungsumfang" nicht zwingend. Hintergrund der Nichtberücksichtigung eines negativen Kapitalkontos trotz Außenhaftung aufgrund von Bürgschaften ist vielmehr erneut das Vereinfachungsanliegen des Gesetzgebers[183].

Auch hier zeigt sich mithin wieder oben genannte Kernproblematik bei Anwendung des § 15a EStG im Rahmen von Sonderkonstellationen.

g) Sonderproblem: Statuswechsel zwischen Kommanditisten- und Komplementärstellung

Mit Konstellationen aus dem Bereich des Wechsels in der Art der Gesellschafterstellung hat sich der Bundesfinanzhof in jüngerer Zeit mehrfach beschäftigen müssen. Interessant ist in diesem Zusammenhang unter anderem die Frage, ob verrechenbare Verluste aus Vorjahren im Falle des Statuswechsels vom Teil- zum Vollhafter unmittelbar in ausgleichsfähige Verluste umgewandelt werden.

Für den Fall zeitweiliger Komplementärstellung verneint der Bundesfinanzhof die Anwendung des § 15a EStG für das vollständige Wirtschaftsjahr[184]. Ferner lehnt er im Falle des Wechsels der Kommanditistenstellung in die eines persönlich haftenden Gesellschafters eine Umwandlung bisher verrechenbarer Verluste in ausgleichsfähige ab[185]. Den Umstand, dass der jetzige Komplementär für die Altverbindlichkeiten der Gesellschaft unbegrenzt einzustehen hat, hält das Gericht insofern für nicht maßgeblich. Es begründet dies mit der vom Gesetzgeber gewollten Typisierung, gibt mithin für Fälle des Statuswechsels verallgemeinert gesprochen erneut der Wortlautinterpretation und dem Vereinfachungsgedanken den Vorzug gegenüber einer an Sinn und Zweck des Gesetzes orientierten Einzelfallgerechtigkeit. KEMPERMANN[186] weist insofern darauf hin,

---

[182] *FG Rheinland-Pfalz*, Urteil vom 10.02.1998 - 2 K 1810/95.
[183] *Bitz* in Littmann/Bitz/Hellwig, Einkommensteuerrecht, § 15a Rz. 28a; für Einbeziehung, sobald Voraussetzungen für Rückstellungsbildung vorliegen: *Knobbe-Keuk*, Bilanz- und Unternehmenssteuerrecht, 9. Auflage, 496.
[184] *BFH*, Urteil vom 14.10.2003 - VIII R 81/02, BStBl II 2004, 118, DStR 2004, 29.
[185] *BFH*, Urteil vom 14.10.2003 - VIII R 38/02, BStBl II 2004, 115, DStR 2004, 31; zustimmend *Niehus/Wilke*, FR 2004, 677, 683; kritisch hierzu *Carlé*, BeSt 2004, 3, 4; *Paus*, DStZ 2004, 448, 450; bereits zuvor a.A.: *FG Köln*, Urteil v. 16.01.2002 - 14 K 3366/01, EFG 2002, 818; Urteil v. 20.03.2002 - 10 K 3545/99, EFG 2002, 1035; *Carlé/Carlé*, FR 2001, 829, 831 f.; *Kempf/Hillringhaus*, DB 1996, 12, 13; *Knobbe-Keuk*, Bilanz- und Unternehmenssteuerrecht, 9. Auflage, 497 Fn. 84; *Söffing/Wrede*, FR 1980, 365, 373.
[186] *Kempermann*, DStR 2004, 1515, 1516.

dass diese Entscheidung bereits durch das Urteil vom 14.12.1995[187] zur Nichtberücksichtigung nachträglicher Einlagen für die Ausgleichsfähigkeit zunächst nur verrechenbarer Verluste vorgezeichnet war. Der Bundesfinanzhof argumentiert mithin vereinfacht so: Angesichts des Umstandes, dass die Übernahme einer zusätzlichen Haftung durch Erbringen nachträglicher Einlagen nicht zur Ausgleichsfähigkeit früherer Verluste führt, kann dies ebenso wenig für andere Formen der Übernahme einer zusätzlichen Haftung gelten - für vorgezogene Einlagen hat er dies, wie oben ausgeführt[188], allerdings anders gesehen. Es lässt sich festhalten: Bei der Behandlung von Sonderkonstellationen im Rahmen von § 15a EStG wird mal der Wortlautinterpretation, mal unter Hinwegsetzung über genau diesen Wortlaut dem Sinn und Zweck des Gesetzes der Vorzug gegeben, ohne dass eine klare Leitlinie erkennbar ist[189] - und das in Urteilen, die teilweise vom selben Senat und vom selben Tag stammen[190].

III. Fazit

Die bezüglich der Behandlung von Sonderkonstellationen im Bereich des § 15a EStG getroffenen Feststellungen lassen sich zu folgender Kernaussage verdichten: Die Formulierung des § 15a EStG trägt den wirtschaftlichen Gegebenheiten im Einzelfall nicht umfassende Rechnung - im Gegenteil verfehlt sie die beabsichtigte Zielsetzung zum Teil beträchtlich[191]. Es ist dem Gesetzgeber nicht gelungen, die Zielsetzung des Gleichlaufes von Verlustausgleich und wirtschaftlicher Belastung in Form einer widerspruchsfreien Tatbestands- und Rechtsfolgeregelung umzusetzen. Eine Bewältigung der mannigfaltigen Problemstellungen ausschließlich anhand des Gesetzestextes erscheint nahezu unmöglich[192] - man

---

[187] *BFH*, Urteil v. 14.12.1995 - IV R 106/94, BStBl II 1996, 226, DB 1996, 810.

[188] Zweiter Abschnitt, Gliederungspunkt II. 3. c) bb) (S. 47).

[189] *Kempermann*, DStR 2004, 1515, 1516 sieht eine klare Leitlinie der BFH-Rechtsprechung darin, dass dieser grundsätzlich keine „Rückwirkung" einer Haftungserweiterung anerkennt, dies vor dem Hintergrund, dass der Finanzausschuss des Bundestages im Gesetzgebungsverfahren die Auffassung vertreten hat, dass Einlagen nicht die Abzugsfähigkeit verrechenbarer Verluste der Vorjahre herbeiführen können: BT-Drs. 8/4157, 3. Eine anders lautende Anregung des Wirtschaftsausschusses fand demgegenüber keinen Eingang ins Gesetz.

[190] Vergleiche die genannten Urteile vom 14.10.2003: VIII R 32/01 gibt dem Zweck, VIII R 38/02 und VIII R 81/02 geben dem Vereinfachungsgedanken den Vorzug; alle zusammenhängend veröffentlicht DStR 2004, 24 ff.

[191] So die Formulierung des *BFH*, Urteil v. 20.3.2003 - IV R 42/00, BStBl II 2003, 798, DStR 2003, 1653.

[192] Dem stimmen auch *Claudy/Steger*, DStR 2004, 1504, 1505 zu, die sich als Vertreter aus Reihen der Finanzverwaltung grundsätzlich schon für eine wortlautnahe Handhabe des § 15a EStG stark machen. Einen kurzen Überblick über die Regelungslücken gibt *Paus*, NWB Fach 3, 13171 ff.

kann die Regelung insofern als handwerklich misslungen bezeichnen[193], auch wenn es der Gesetzgeber aus Vereinfachungsgründen durchaus bewusst unterlassen hat, sämtliche Haftungstatbestände in die Regelung einzubeziehen[194]. Allerdings gerade dieses wohlklingende Argument der Vereinfachung muss in Zusammenhang mit § 15a EStG besonders kritisch hinterfragt werden: Es mutet schon nahezu paradox an, seitens des Gesetzgebers eine derart komplizierte Regelung zu schaffen und dann gegen berechtigte Einwände stets das Vereinfachungsargument ins Feld zu führen[195].

Die Behandlung von Sonderkonstellationen im Rahmen des § 15a EStG präsentiert sich als Anwendungschaos zwischen Typisierung und Vereinfachung auf der einen sowie Einzelfallgerechtigkeit und Systemanbindung auf der anderen Seite. Problemlösung in diesem Bereich bedeutet, erhöhte Gesetzesanwendungskunst zu zeigen und das gesamte Spektrum der allgemein akzeptierten Auslegungsregeln auszuschöpfen. Ausgehend von der sprachlich-grammatischen Auslegung ist stets auch eine Verprobung des Ergebnisses anhand der teleologischen Auslegung vorzunehmen und die praktische Konsequenz einer Auslegung am Zweck der Norm zu messen. In Sonderfällen hat sich die Rechtsprechung bereit gezeigt, eine vom Wortlaut nicht gedeckte, jedoch Sinn und Zweck des § 15a EStG Rechnung tragende Lösung vorzunehmen. Dem ist im Grundsatz zuzustimmen. Allerdings sind einer derartigen Vorgehensweise auch Grenzen gesetzt: Als unbefriedigend empfundene Ergebnisse werden von der Rechtsprechung nämlich ebenso akzeptiert, sofern dem gesetzgeberischen Vereinfachungsgedanken und der durchaus gewollten Typisierung der Vorrang eingeräumt wird. Es liegt nun einmal im Wesen jeder Vereinfachung, dass sie zu Lasten einer differenzierenden Einzelfallgerechtigkeit gehen kann. Die Lösung von Fragen aus dem Bereich der Behandlung negativer Kapitalkonten beschränkt haftender Gesellschafter im Einkommensteuerrecht bewegt sich stets im Spannungsfeld dieser Prinzipien und es erscheint bislang unklar, welchem wann der Vorzug zu geben ist. Die seitens der Rechtsprechung vorgenommenen Differenzierungen vermögen als Rechtfertigung für eine unterschiedliche Behandlung im Einzelfall nicht immer zu überzeugen. Dieses all-

---

[193] So *Carlé*, BeSt 2004, 3; *HG*, DStR 2004, 28; *Groh*, DB 1990, 13; *Knobbe-Keuk*, Bilanz- und Unternehmenssteuerrecht, 9. Auflage, 487: „Es muss alles möglichst kompliziert, verschachtelt, detailliert, perfektionistisch geregelt werden - ohne dass eine perfekte Regelung erreicht wird. Die neue Bestimmung des § 15a EStG nebst Anhängseln an anderen Gesetzesstellen ist schlicht eine Missgeburt.", siehe auch NJW 1980, 2557 ff. und StuW 1981, 97 ff.; *Paus*, DStZ 2004, 448, 450; a.A. *Wacker*, FS Volker Röhricht, 1079, 1093: „interessengerecht austarierte Vorschrift zwischen steuerrechtlicher Nichtanerkennung des negativen Kapitalkontos und Berücksichtigung sämtlicher Haftungsrisiken".

[194] Siehe BT-Drs. 8/3648, 16 f.

[195] *Niehus/Wilke*, FR 2004, 677, 684.

gemeine Problem gilt es bei der Behandlung negativer Kapitalkonten im Falle doppelstöckiger Personengesellschaften zu berücksichtigen.

Dritter Abschnitt: **Zur besonderen Problematik der Behandlung negativer Kapitalkonten bei doppelstöckigen Personengesellschaften**

I. Problematische Konstellationen

Führt man obige Gedanken zusammen, so gilt es nunmehr, sich der besonderen Problematik der Behandlung negativer Kapitalkonten in mehrstufigen Personengesellschaften zu widmen und die Frage zu stellen, auf welche Weise die Verlustverrechnungsnorm des § 15a EStG in das Besteuerungskonzept mehrstufiger Personengesellschaften einzupassen ist. Die Feststellungen, dass es sich bei § 15 Abs. 1 Satz 1 Nr. 2 Satz 2 EStG um eine Norm handelt, die steuerliche Konsequenzen unter Durchbrechung zivilrechtlicher Gegebenheiten ausspricht und demgegenüber § 15a EStG eine Norm darstellt, die durchaus an zivilrechtlichen Gegebenheiten - der beschränkten Haftung des Kommanditisten - ausgerichtet ist, wobei sich eine an wirtschaftlichen Gegebenheiten in Sonderkonstellationen orientierte Handhabe außerordentlich problembeladen präsentiert, lassen bereits vermuten, dass die erwähnte Zusammenführung nicht reibungslos vonstatten gehen kann. Dies wird umso deutlicher vor dem Hintergrund, dass beide Normen geschaffen wurden, um Unzulänglichkeiten der Vergangenheit zu beheben, ohne hinreichende Prüfung, inwieweit sie sich in die Gesamtsystematik des Steuerrechts einfügen.

Zunächst ist zu verdeutlichen, dass § 15a EStG überhaupt nur in bestimmten Konstellationen doppelstöckiger Personengesellschaften Bedeutung zu entfalten vermag. Handelt es sich sowohl bei Ober- als auch Untergesellschaft um Personengesellschaften mit ausschließlich unbeschränkt haftenden Gesellschaftern, so stellen sich besondere Probleme der Behandlung negativer Kapitalkonten schon gar nicht.

Geht man vom Vorliegen einer doppelstöckigen Personengesellschaft aus, so können sich Sonderprobleme der Behandlung negativer Kapitalkonten mithin nur in folgenden drei Grundkonstellationen stellen:

Konstellation 1:

Obergesellschafter = natürliche Personen

⇓

Obergesellschaft als Personengesellschaft mit zum Teil beschränkt haftenden Gesellschaftern (nachfolgend vereinfachend grundsätzlich KG)

⇓

Untergesellschaft als Personengesellschaft mit ausschließlich unbeschränkt haftenden Gesellschaftern (nachfolgend vereinfachend grundsätzlich OHG)

Verrechenbare Verluste können hier nur auf Ebene der Obergesellschaft anfallen.

Konstellation 2:

Obergesellschafter = natürliche Personen

⇓

Obergesellschaft als Personengesellschaft mit ausschließlich unbeschränkt haftenden Gesellschaftern (nachfolgend vereinfachend grundsätzlich OHG)

⇓

Untergesellschaft als Personengesellschaft mit zum Teil beschränkt haftenden Gesellschaftern (nachfolgend vereinfachend grundsätzlich KG)

Verrechenbare Verluste können hier nur auf Ebene der Untergesellschaft anfallen.

60

Konstellation 3:

Obergesellschafter = natürliche Personen

Obergesellschaft als Personengesellschaft mit zum Teil beschränkt haftenden Gesellschaftern (nachfolgend vereinfachend grundsätzlich KG)

Untergesellschaft als Personengesellschaft mit zum Teil beschränkt haftenden Gesellschaftern (nachfolgend vereinfachend grundsätzlich KG)

Verrechenbare Verluste können hier sowohl auf Ebene der Ober- als auch auf Ebene der Untergesellschaft anfallen.

II. Zur generellen Anwendbarkeit des § 15a EStG im Verhältnis der Ober- zur Untergesellschaft

1. Ablehnende Auffassung

Zunächst gilt es die grundlegende Frage zu klären, inwieweit § 15a EStG im Rahmen mehrstufiger Personengesellschaften überhaupt anwendbar sein kann. Im Verhältnis einer KG als Obergesellschaft zu den kommanditistisch beteiligten Obergesellschaftern ist die Anwendbarkeit des § 15a EStG unumstritten. Anders stellt sich das Meinungsbild hinsichtlich des Verhältnisses einer KG als Untergesellschaft zu ihrer kommanditistisch beteiligten Obergesellschaft dar.

Einige Vertreter der Literatur lehnen die Anwendbarkeit der § 15a EStG im Rahmen mehrstufiger Personengesellschaften für das Verhältnis der Ober- zur Untergesellschaft (als Kommandit- oder ähnlicher Gesellschaft) grundsätzlich ab[196].

Zweifel, ob § 15a EStG auf der Ebene der Untergesellschaft zur Anwendung kommt, ergeben sich nach dieser Auffassung[197] schon aus dem Wortlaut des § 15a Abs. 1 Satz 1 EStG, nach dem der einem Kommanditisten zuzurechnende Verlustanteil weder mit anderen Einkünften aus Gewerbebetrieb noch mit Ein-

---

[196] *Autenrieth*, DStZ 1987, 121, 124; *Nickel/Bodden*, FR 2003, 391, 392; *Seibold*, DStR 1998, 438, 440.

[197] *Autenrieth*, DStZ 1987, 121, 124; *Nickel/Bodden*, FR 2003, 391, 392; *Seibold*, DStR 1998, 438, 440.

künften aus anderen Einkunftsarten ausgeglichen noch nach § 10 d EStG abgezogen werden darf, soweit dadurch ein negatives Kapitalkonto des Kommanditisten entsteht oder sich erhöht.

Zunächst ist zwar festzuhalten, dass die Obergesellschaft nunmehr handelsrechtlich unzweifelhaft Kommanditistin der Untergesellschaft sein kann[198]. Die Argumentation von SEIBOLD[199], die Anwendung des § 15a EStG auf mehrstufige Personengesellschaften scheitere an dem Umstand, dass weder eine GbR noch eine atypische stille Gesellschaft Kommanditistinnen sein könnten, baut insofern noch auf der mit fehlender Registerpublizität argumentierenden gegenteiligen älteren Rechtsprechung[200] auf und dürfte im Hinblick auf die soeben erwähnte neuere Rechtsprechung[201] als überholt anzusehen sein: Die fehlende Registerpublizität der Gesellschaft bürgerlichen Rechts ist kein entscheidender Hinderungsgrund für die Annahme ihrer Fähigkeit, die Stellung einer Kommanditistin einzunehmen. Dies gilt auch im Hinblick auf die Bestimmungen in § 162 Abs. 3 und 1 i.V.m. § 106 Abs. 2 HGB zur Publizität der Gesellschafter einer Personenhandelsgesellschaft. Dieser kann dadurch Rechnung getragen werden, dass § 162 Abs. 3 und 1 sowie § 106 Abs. 2 HGB in der Weise angewandt werden, dass neben der Gesellschaft bürgerlichen Rechts als solcher die ihr zum Zeitpunkt ihres Beitritts angehörenden Gesellschafter mit Namen, Geburtstag und Wohnort wie auch jeder spätere Wechsel in der Zusammensetzung ihrer Gesellschafter ins Handelsregister einzutragen sind.

Der Wortlautargumentation bleibt dennoch zuzugeben, dass § 15a EStG auf der Rechtsfolgenseite in Konstellationen doppelstöckiger Personengesellschaften insoweit ins Leere läuft, als der angeordnete „*Ausgleich mit anderen Einkünften*" sowie ein „*Verlustabzug nach § 10d EStG*" bei gewerblich tätigen Personenobergesellschaften, die gemäß § 15 Abs. 3 Nr. 1 EStG grundsätzlich nur gewerbliche Einkünfte nach § 15 Abs. 1 EStG erzielen und keine für einen Verlustabzug erforderliche Steuersubjektivität besitzen, im Regelfall nicht möglich ist[202].

Zweifel an der grundsätzlichen Anwendbarkeit des § 15a EStG im Rahmen mehrstufiger Personengesellschaften ergeben sich auch aus der Gesetzessyste-

---

[198] *BGH*, Beschluss v. 16.07.2001 - II ZB 23/00, BGHZ 148, 291; *Hopt* in Baumbach/Hopt, HGB, 31. Auflage 2003, § 161 Rdnr. 4.
[199] *Seibold*, DStR 1998, 338, 440.
[200] *BGH*, Urteil vom 12.12.1966 - II ZR 41/65, BGHZ 46, 291, 296.
[201] *BGH*, Beschluss v. 16.07.2001 - II ZB 23/00, BGHZ 148, 291.
[202] *Nickel/Bodden*, FR 2003, 391, 392; *Seibold*, DStR 1998, 438, 441.

matik: Zutreffend weisen Vertreter in der Literatur[203] darauf hin, dass das Einkommensteuergesetz die Personengesellschaft lediglich als Regelungsobjekt und nicht als Normadressaten kenne. § 1 EStG beschränke die Einkommensteuerpflicht auf natürliche Personen. Da nun die §§ 13 - 24 EStG ausschließlich die Einkünfte natürlicher Personen beträfen, könne auch § 15a EStG nur auf solche angewendet werden[204].

Zuletzt sollen noch die rein praktischen Schwierigkeiten einer Anwendbarkeit entgegenstehen. Diese ergeben sich bei Bejahung der Anwendbarkeit aus dem Umstand, dass auch ein nur verrechenbarer Verlustanteil aus der Untergesellschaft das Kapital in der Steuerbilanz der Obergesellschaft mindert.

Insofern muss jedoch eingewendet werden, dass die zugegebenermaßen bei der Anwendung auftretenden praktischen Schwierigkeiten der grundsätzlichen Anwendbarkeit der Norm nicht entgegenstehen können. Entscheidend ist, welche Rechtsanwendung die zutreffende und nicht welche die praktisch einfachste ist.

2. Befürwortende Auffassung

Zumindest der Bundesfinanzhof teilt die hier aufgeworfenen Bedenken nicht und hält die Anwendbarkeit des § 15a EStG auf doppelstöckige Personengesellschaften für unzweifelhaft[205]. Damit steht er in Einklang mit herrschender Literaturmeinung[206] und Ansicht der Finanzverwaltung[207].

Hierbei ist auch der Rechtsprechung bewusst, dass die Gesetzessystematik insofern durchaus Zweifel aufwirft - die von § 15a EStG ausgesprochene Rechtsfolge könne im Falle einer mehrstufigen Personengesellschaft auf Ebene der Obergesellschaft oder der Obergesellschaften unmittelbar nicht eintreten. Sie hilft sich über diese Unstimmigkeit allerdings mit dem Argument hinweg, die Perso-

---

[203] *Nickel/Bodden*, FR 2003, 391, 393; *Seibold*, DStR 1998, 438, 440 f.

[204] *Autenrieth*, DStZ 1987, 121, 124; *Seibold*, DStR 1998, 438, 441.

[205] Leitsatz *BFH*, Beschluss v. 18.12.2003 - IV B 201/03, BStBl II 2004, 231, DB 2004, 357; dazu Anmerkung von *Hettler*, KFR 2004, 179 f.

[206] Siehe etwa *von Beckenrath* in Kirchhof/Söhn/Mellinghoff, EStG, § 15a Rdnr. B 253; *Grützner* in Lange, Personengesellschaften im Steuerrecht, 6. Auflage, Rz. 1430; *Ley*, KÖSDI 1996, 10923, 10931 ff.; DStR 2004, 1498; *Lüdemann* in Hermann/Heuer/Raupach, § 15a EStG, Anm. 74; *Sundermeier*, DStR 1994, 1477; *Wacker* in L. Schmidt, EStG, 24. Auflage 2005, § 15a Rz. 61; *Walpert* in Sudhoff, Personengesellschaften, 8. Auflage 2005, § 27 Rdnr. 143.

[207] Beispielsweise *OFD Bremen*, Verfügung v. 19.10.1995 - Az.: S 2241 a - St 201, BB 1996, 900; *OFD Chemnitz*, Verfügung v. 05.02.1998 - Az.: S 2241 a - 8/1 - St 31, DB 1998, 903.

nengesellschaft verwirkliche als partiell rechtsfähiges Steuersubjekt den Tatbestand des § 15a EStG, dessen Rechtsfolgen dann die natürliche Person als eigentliches Einkommensteuersubjekt träfen[208]. Die von § 15a EStG ausgesprochene Rechtsfolge tritt demnach mittelbar über die Obergesellschaft letztlich bei dem Obergesellschafter ein. Auch der mit der Regelung des § 15a EStG verfolgte Zweck würde bei Verneinung der Anwendbarkeit auf mehrstufige Personengesellschaften verfehlt[209]. Auf diese Weise könnten nämlich durch die Zwischenschaltung einer Personengesellschaft nur verrechenbar festgestellte Verluste in ausgleichsfähige (mithin abziehbare) Verluste umqualifiziert werden - ohne dass dem eine entsprechende wirtschaftliche Belastung des Obergesellschafters gegenüberstünde. Dies widerspreche klar der Teleologie des § 15a EStG.

3. Stellungnahme

Setzt man sich mit der Streitfrage um die generelle Anwendbarkeit des § 15a EStG im Rahmen mehrstufiger Personengesellschaften - speziell der Frage der Anwendbarkeit im Verhältnis der Ober- zur Untergesellschaft - auseinander, so ist zunächst auf den Wortlaut der Regelung einzugehen.

Hier ist der Auffassung, die die Anwendbarkeit aufgrund des Wortlautes ausgeschlossen sieht, zuzugeben, dass es für den Fall einer gewerblich tätigen (oder gewerblich geprägten) Obergesellschaft als Kommanditistin auf dieser Ebene nicht zu einem Ausgleich der Verluste mit positiven Einkünften aus anderen Einkunftsarten kommen kann. Gemäß § 15 Abs. 3 Nr. 1 (oder Nr. 2) EStG erzielt diese grundsätzlich nur gewerbliche Einkünfte nach § 15 Abs. 1 EStG. Es gibt keine „anderen Einkünfte" im Sinne des § 15a EStG. Ferner trifft der Einwand zu, dass ein Verlustausgleich gemäß § 10d EStG ebenfalls ausgeschlossen ist, da dieser im Rahmen der bei Personengesellschaften nicht stattfindenden Ermittlung des Gesamtbetrags der Einkünfte gemäß § 2 Abs. 3 EStG erfolgt.

Es erscheint allerdings bedenklich, die Anwendbarkeit des § 15a EStG in derartigen Fallkonstellationen deshalb vollständig zu verneinen.

---

[208] Auf dieser Argumentationslinie schon *BFH*, Beschluss v. 25.06.1984 - GrS 4/82, BStBl II 1984, 751; Beschluss v. 25.02.1991 - GrS 7/89, BStBl II 1991, 691, 698 f.; auch *Helmreich*, Verluste bei beschränkter Haftung und § 15a EStG, 297; kritisch: *Bodden*, FR 2002, 559, 560 f.; DStZ 2002, 391 ff.; *Hey* in Tipke/Lang, Steuerrecht, 18. Auflage 2005, § 18 Rz. 9; *Nickel/Bodden*, FR 2003, 391, 393: „Argumentation dogmatisch wenig überzeugend und rechtsmethodisch kaum nachvollziehbar."; *Pinkernell*, Einkünftezurechnung bei Personengesellschaften, 109 f.

[209] Siehe *FG Düsseldorf*, Urteil v. 03.11.2003 - 7 K 6498/99 F, EFG 2004, 495.

Bei der Besteuerung von Personengesellschaften ist zu beachten, dass das Einkommensteuerrecht für die natürliche Person als Subjekt der Einkommensteuer formuliert ist, so dass im Rahmen mehrerer Vorschriften die Anwendbarkeit auf mehrstufige Personengesellschaften im Hinblick auf den Wortlaut zweifelhaft erscheint. LEY[210] geht in diesem Zusammenhang beispielsweise auf § 16 Abs. 4 EStG und die Veräußerung von Anteilen an der Untergesellschaft durch die Obergesellschaft ein. Die Gewährung des Freibetrages im Falle der Veräußerung hängt von der Vollendung des 55. Lebensjahres des Steuerpflichtigen oder dessen dauernder Berufsunfähigkeit im sozialversicherungsrechtlichen Sinne ab. Der Wortlaut geht eindeutig von einer natürlichen Person als Einkommensteuersubjekt aus. Die Anwendbarkeit auf eine Obergesellschaft erscheint fraglich[211].

Der Gesetzeswortlaut allein führt demnach bei Fragen der Besteuerung von Personengesellschaften nicht zwingend zu sachgerechten Ergebnissen, denn bei Formulierung des Gesetzes fanden Konstellationen mehrstufiger Personengesellschaften eben nicht hinreichend Berücksichtigung. Genau dies ist eines der Kernprobleme ihrer Besteuerung.

Die Frage der Anwendbarkeit des § 15a EStG in Fällen mehrstufiger Personengesellschaften ist mithin nicht fixiert auf den Gesetzeswortlaut, sondern auch ausgehend vom Zweck des Gesetzes zu beantworten.

Zweck des § 15a EStG ist, einen Verlustausgleich nur bei wirtschaftlicher Belastung zuzulassen[212].

Will man diesem Prinzip vollumfänglich Geltung verschaffen, muss § 15a EStG letztlich auch für den - nur mittelbar an einer Kommanditgesellschaft beteiligten - Obergesellschafter Berücksichtigung finden können. Er darf nicht - so auch die ratio legis des § 15 Abs. 1 Satz 1 Nr. 2 Satz 2 EStG[213] - gegenüber einem unmittelbar an einer Kommanditgesellschaft als Kommanditist beteiligten Gesellschafter privilegiert werden[214]. Dies entspricht einer konsequenten Umsetzung des einkommensteuerrechtlichen Transparenzprinzips[215], demzufolge

---

[210] *Ley,* DStR 2004, 1498.
[211] Dazu *L. Schmidt,* FS Moxter 1994, 1111, 1118.
[212] Siehe Zweiter Abschnitt, Gliederungspunkt II. 1. (S. 38).
[213] Dazu Erster Abschnitt, Gliederungspunkt II. 1. (S. 21).
[214] Dazu erneut *Rätke* in Hermann/Heuer/Raupach, § 15 EStG, Anm. 602 m.w.N.
[215] Dazu bereits Erster Abschnitt, Gliederungspunkt II. 2. a) cc) (S. 29); ferner *Groh,* ZIP 1998, 89, 93.

die Aktivitäten der Gesellschaft ertragsteuerlich bei den (ertragsteuerpflichtigen) Gesellschaftern zu erfassen sind.

Diese nach dem Gesetzeszweck zwingende Berücksichtigung des § 15a EStG auf Ebene der Obergesellschafter gebietet nun aber gerade die Anwendung des § 15a EStG bereits auf Ebene der Obergesellschaft und damit die Zuweisung nur verrechenbarer Verluste schon auf dieser Stufe, denn anderenfalls könnte es zu einem Verlustausgleich bei den Obergesellschaftern ohne entsprechende wirtschaftliche Belastung kommen. Nur sofern die Obergesellschaft bereits keine ausgleichsfähigen Verluste zugewiesen erhält, wird sichergestellt, dass sowohl Obergesellschaft als auch Obergesellschafter erst dann zu einer Verlustverrechnung berechtigt werden, wenn dies durch Erzielung von Gewinnen durch die Untergesellschaft ermöglicht wird.

Diese abstrakten Ausführungen lassen sich anhand von Beispielen[216] verdeutlichen:

natürliche Person (Obergesellschafter)
⇓
OHG (Obergesellschaft)
⇓
KG (Untergesellschaft)

Würde man § 15a EStG nicht bereits auf Ebene der Obergesellschaft für anwendbar halten, könnte ein der OHG zuzurechnender Verlust der KG beim Obergesellschafter als ihm zuzurechnender Verlust der OHG ohne Einschränkungen des § 15a EStG mit anderen Einkünften oder gemäß § 10d EStG ausgeglichen werden. Durch „Zwischenschaltung" einer OHG könnte § 15a EStG ausgehebelt werden. Dies widerspricht dem gleichheitsrechtlichen Gebot in der Besteuerung.

---

[216] In Anlehnung an die anschauliche Darstellung bei *Ley*, DStR 2004, 1498.

Ähnliches ergibt sich für folgende Konstellation:

natürliche Person (Obergesellschafter)
⇓

KG (Obergesellschaft), bei der durch Zurechnung von Verlusten keine negativen Kapitalkonten entstehen.
⇓

KG (Untergesellschaft)

Es gilt sicherzustellen, dass es schon durch Zuweisung eines lediglich verrechenbaren Verlustes auf Ebene der Obergesellschaft nicht zu einer Saldierung mit eigenen Gewinnen der Obergesellschaft kommen kann[217].

4. Zwischenergebnis

Sinn und Zweck des Gesetzes sowie das Gebot der Gleichmäßigkeit der Besteuerung gebieten die grundsätzliche Anwendbarkeit des § 15a EStG auch im Rahmen mehrstufiger Personengesellschaften. Die strenge Orientierung am Gesetzeswortlaut führt nicht zu sachgerechten Ergebnissen. Insofern zeigt sich das Grundproblem der Besteuerung doppelstöckiger Personengesellschaften, dass derartige Konstellationen bei Formulierung des Gesetzes nicht hinreichend Berücksichtigung gefunden haben[218]. Damit das Ausgleichs- oder Abzugsverbot nicht leer läuft, muss § 15a EStG bereits auf Ebene der Obergesellschaft Berücksichtigung finden.

III. Einbettung des § 15a EStG in das Besteuerungskonzept mehrstufiger Personengesellschaften

1. Problemdarstellung

Bejaht man die grundsätzliche Anwendbarkeit des § 15a EStG im Bereich doppelstöckiger Personengesellschaften sowohl auf Ebene der Unter- als auch auf Ebene der Obergesellschaft, so verbleibt das Problem der praktischen Umsetzung. Dies besteht im Kern darin, auf der einen Seite die ausgleichsfähigen, auf der anderen Seite die nur verrechenbaren Verluste zu ermitteln.

---

[217] *von Beckenrath* in Kirchhof/Söhn/Mellinghoff, EStG, § 15a Rdnr. B 254.
[218] Siehe Erster Abschnitt, Gliederungspunkt III. (S. 35).

Problematisch ist die Anwendung des § 15a EStG insbesondere im Sonderfall doppelstöckiger Personengesellschaften unter Beteiligung jeweils einer Kommanditgesellschaft sowohl als Ober- als auch als Untergesellschaft (Konstellation 3)[219]:

Kommanditist (Obergesellschafter)

⇓

KG (Obergesellschaft)

⇓

KG (Untergesellschaft)

Dies resultiert aus dem Umstand, dass der - wenn auch nur verrechenbare - Anteil der Obergesellschaft am Verlust der Untergesellschaft erneut Auswirkungen auf die Kapitalkonten der Obergesellschafter entfaltet und so deren Verlustausgleichspotenzial auch für Verlustanteile aus ihrer Beteiligung an der Obergesellschaft mindert. Sofern die Obergesellschaft keine von § 15a EStG erfasste Gesellschaft ist (Konstellation 2)[220], ergibt sich angesichts der unbeschränkten Ausgleichsfähigkeit der Verlustanteile aus der Obergesellschaft auf Ebene der Obergesellschafter dieses Problem nicht. Verdeutlichen lassen sich diese Ausführungen anhand eines *Beispiels*[221]:

Kommanditist (Obergesellschafter)

⇓ (100%)

KG (Obergesellschaft) / Betriebsverlust: 100 Kapitalkonto OGter: +75

⇓ (100%)

KG (Untergesellschaft) / Betriebsverlust: 100 Kapitalkonto OG: +50

Es besteht eine hundertprozentige Kommanditbeteiligung der Ober- an der Untergesellschaft sowie des Kommanditisten an der Obergesellschaft. Der Betriebsverlust in den Gesellschaften beträgt jeweils 100, das Kapitalkonto der Ober- bei der Untergesellschaft beläuft sich auf +50, das des Kommanditisten bei der Obergesellschaft auf +75.

---

[219] Siehe hierzu Dritter Abschnitt, Gliederungspunkt I. (S. 58).

[220] Siehe ebenfalls Dritter Abschnitt, Gliederungspunkt I. (S. 58).

[221] In Anlehnung an *Rätke* in Hermann/Heuer/Raupach, § 15 EStG, Anm. 674.

Der Verlustanteil der Obergesellschaft am Ergebnis der Untergesellschaft (UG-Verlust) in Höhe von 100 führt dort zur Entstehung eines negativen Kapitalkontos in Höhe von ./.50 - mithin ist er zur Hälfte für die Obergesellschaft lediglich verrechenbar. Unterstellt man, dass der UG-Verlust in Höhe von 100 zugleich das Kapitalkonto des Kommanditisten in der Obergesellschaft in voller Höhe mindert[222], beträgt dieses demnach ./.25. Die Folge: Der gesamte Anteil des Obergesellschafters am Betriebsverlust der Obergesellschaft in Höhe von 100 ist für ihn nur verrechenbar. Der verrechenbare UG-Verlustanteil in Höhe von 50 wirkt sich zweifach aus. Obwohl bereits verrechenbar, reduziert er das Verlustausgleichspotenzial des Obergesellschafters erneut. Es hätte für Verlustanteile aus der Obergesellschaft ansonsten +25 betragen (Kapitalkonto +75 abzüglich 50 ausgleichsfähiger Verlust aus der Untergesellschaft).

Nachstehende Ausführungen erklären sich vor dem Hintergrund der Gefahr einer derartigen Doppelerfassung, wobei sich vordringlich folgende Einzelfragen stellen:

1) Entfaltet § 15a EStG einen Sondereinfluss auf die Gewinn- und Verlustzurechnung im Rahmen doppelstöckiger Personengesellschaften?[223]

2) Nach welchen Kriterien erfolgt ein Ansatz der Unterbeteiligung in der Steuerbilanz der Obergesellschaft im Blickpunkt von § 15a EStG?[224]

3) Wie werden Ergänzungsbilanzen im Rahmen doppelstöckiger Personengesellschaften gebildet?[225]

---

[222] Diese Frage gilt es unter anderem zu klären, siehe sogleich Dritter Abschnitt, Gliederungspunkt III. 2. (S. 69).
[223] Siehe hierzu Dritter Abschnitt, Gliederungspunkt III. 2. (S. 69).
[224] Siehe hierzu Dritter Abschnitt, Gliederungspunkt III. 3. (S. 75).
[225] Siehe hierzu Dritter Abschnitt, Gliederungspunkt III. 4. (S. 109).

2. Einfluss des § 15a EStG auf die Gewinn- und Verlustzurechnung sowie Ergebnissaldierung im Rahmen doppelstöckiger Personengesellschaften?

a) § 15a EStG als negative Verlustverrechnungsnorm?

Teilweise wird § 15a EStG als so genannte negative Verlustverrechnungsnorm verstanden[226], nach der bereits die Zurechnung verrechenbarer Verluste aus der Untergesellschaft an die höheren Ebenen ausgeschlossen sein soll. Hier seien vielmehr abweichend vom Handelsrecht ausschließlich die ausgleichsfähigen Verluste zuzurechnen - § 15a EStG sei insofern eine Korrekturvorschrift zu § 15 EStG. Die verrechenbaren Verluste verblieben auf Ebene der Untergesellschaft und seien dort mit Gewinnen späterer Wirtschaftsjahre zu saldieren.

Konsequenz dieser Auffassung wäre, dass die Kapitalkonten in Handels- und Steuerbilanz voneinander abwichen und erst längerfristig - nach „Aufbrauchen" der verrechenbaren Verluste - wieder übereinstimmten.

Der Vorteil ist demgegenüber darin zu sehen, dass die Gefahr der oben beschriebenen Doppelauswirkung verrechenbarer Verluste aus der Untergesellschaft vermieden werden könnte, sofern verrechenbare Verluste aus der Untergesellschaft eine Minderung der Kapitalkonten auf Ebene der Obergesellschaft gar nicht erst zur Folge hätten.

b) § 15a EStG als personenbezogenes Besteuerungsmerkmal?

Im Rahmen doppelstöckiger Personengesellschaften ist die Obergesellschaft als Mitunternehmerin der Untergesellschaft anzusehen. Zum Teil wird vertreten, dass jedoch insoweit auf die Obergesellschafter abzustellen ist, als es auf das Vorliegen eines personenbezogenen Besteuerungsmerkmales ankommt[227].

Die Behandlung des § 15a EStG als personenbezogenes Besteuerungsmerkmal lässt sich wie folgt begründen[228]: Gemäß § 15a Abs. 2 EStG mindert der als ver-

---

[226] *Bolk*, FS FH Nordkirchen, 1997, 47, 71; *Henning*, DB 1985, 886, 887; *Rätke* in Hermann/Heuer/Raupach, § 15 EStG, Anm. 676, 679; *Sundermeier*, DStR 1994, 1477, 1478.
[227] *Helmreich*, Verluste bei beschränkter Haftung und § 15a EStG, 300; siehe auch die Ausführungen zu personenbezogenen Besteuerungsmerkmalen in *BFH*, Beschluss vom 25.02.1991 - GrS 7/89, BStBl II 1991, 691.
[228] Siehe auch *Helmreich*, Verluste bei beschränkter Haftung und § 15a EStG, 297.

rechenbar festgestellte Anteil am Verlust der Untergesellschaft die in späteren Jahren erzielten Gewinnanteile der Obergesellschaft aus dieser Beteiligung. Da diese jedoch selbst nicht Subjekt der Einkommenbesteuerung ist, tritt die Wirkung des § 15a EStG - ebenso wie im Falle eines personenbezogenen Merkmales - nur auf Ebene der Obergesellschafter ein.

Betrachtet man § 15a EStG als personenbezogenes Merkmal, so ist nach dieser Auffassung die Ausgleichs- und Abzugsbeschränkung - als Ausnahme vom Grundsatz der Bildung eines einheitlichen Betriebsergebnisses - nur auf Ebene der Obergesellschafter zu beachten[229]. Verrechenbare Verluste auf Ebene der Untergesellschaft sind an die Obergesellschafter „durchzureichen". Nur hier soll eine Minderung späterer Gewinnanteile stattfinden. Der Anteil der Obergesellschaft am Betriebsergebnis der Untergesellschaft sowie das laufende Ergebnis der Obergesellschaft werden als Konsequenz dieses Ansatzes jeweils selbständig behandelt.

c) Stellungnahme

Die genannten Ansätze widersprechen der Rechtsprechung des Bundesfinanzhofes[230], nach der § 15a EStG keineswegs die Frage der Gewinnzurechnung regelt. Über die Gewinnzurechnung wird vielmehr nach allgemeinen einkommensteuerrechtlichen Grundsätzen vorrangig entschieden. Der Obergesellschaft sind zunächst sämtliche Verluste zuzurechnen, bevor § 15a EStG zur Anwendung kommt.

Dieser Rechtsprechung ist zuzustimmen: In doppelstöckigen Personengesellschaften erfolgt die Gewinnzurechnung grundsätzlich nach den allgemeinen Regeln, ohne dass § 15a EStG insofern einen Sondereinfluss entfaltet.

Die Frage nach einem eventuellen Sondereinfluss des § 15a EStG auf die Gewinnzurechnung in doppelstöckigen Personengesellschaften mündet letztlich in der Frage, wie sich im Falle eines Verlustanteiles aus der Untergesellschaft das Ergebnis der Obergesellschaft zusammensetzt: Soll man nun ausschließlich den

---

[229] *Helmreich,* Verluste bei beschränkter Haftung und § 15a EStG, 300 unter Hinweis auf *BFH,* Beschluss vom 25.02.1991 - GrS 7/89, BStBl II 1991, 691; *OFD Bremen,* Vfg. v. 19.10.1995 – Az.: S 2241a - St 201, BB 1996, 900.

[230] Siehe *BFH,* Urteil vom 08.09.1992 - IX R 335/87, BStBl II 1993, 281; weitere Nachweise siehe H 138 d EStR 2004; so *auch Bordewin/Söffing/Brandenberg,* Verlustverrechnung bei negativem Kapitalkonto, Rz. 77; *Helmreich,* Verluste bei beschränkter Haftung und § 15a EStG, 300; *Wacker* in L. Schmidt, EStG, 24. Auflage 2005, § 15a Rz. 50.

ausgleichsfähigen Verlustanteil oder aber den gesamten Verlustanteil einschließlich des verrechenbaren Verlustes berücksichtigen? Zu beachten ist, dass es nicht zu der oben beschriebenen Gefahr doppelter (bei mehrstöckigen Personengesellschaften sogar mehrfacher) Verlustausgleichsbeschränkung kommen darf[231].

Erster Anknüpfungspunkt für die Beantwortung dieser Frage sollte das Gesetz sein. Im Rahmen eines einheitlich und gesonderten Feststellungsverfahrens im Sinne der §§ 179, 180 AO werden gemäß § 180 Abs. 1 Nr. 2a AO einkommensteuerpflichtige Einkünfte festgestellt. Welche Einkünfte einkommensteuerpflichtig sind, richtet sich nach dem Einkommensteuergesetz, in dem hier interessierenden Bereich nach § 15 Abs. 1 Satz 1 Nr. 2 EStG. § 15a EStG ändert zunächst nichts an der Qualifikation von Einkünften als solche aus Gewerbebetrieb. § 15a EStG nimmt hinsichtlich der auf diese Weise als einkommensteuerpflichtig definierten Einkünfte Korrekturen im Bereich der Ausgleichsfähigkeit vor. Man könnte sie insofern als lediglich „latent einkommensteuerpflichtig bezeichnen"[232], denn nur soweit sich Gewinne aus derselben Beteiligung ergeben, werden sie im eigentlichen Sinne einkommensteuerpflichtig. Für die Frage der Gewinnzurechnung lässt sich aus dem Gesetz insoweit nichts herleiten. § 15a EStG ist im Gesamtzusammenhang des Einkommensteuergesetzes weder eine Einkunftsermittlungs- noch eine Zurechnungsvorschrift, sondern eine Durchbrechung des in § 2 Abs. 3 EStG niedergelegten Grundsatzes der Saldierung positiver und negativer Einkünfte bei Ermittlung des Gesamtbetrages der Einkünfte.

§ 15a EStG dürfte insofern keinen Sondereinfluss auf die Gewinnzurechnung, sondern allenfalls im Bereich der Ergebnissaldierung entfalten, denn nach der Gesetzeskonzeption bestehen lediglich Abhängigkeiten im Bereich der Saldierung von Gewinnen und Verlusten. Soweit § 15a EStG die Ausgleichs- und Abziehbarkeit eines dem Kommanditisten zuzurechnenden Verlustanteils regelt, setzt die Vorschrift gerade voraus, dass ein solcher dem Kommanditisten zuvor zugerechnet wurde. Mithin sind verrechenbare Verluste der Untergesellschaft auch im Rahmen der einheitlichen und gesonderten Feststellung der Obergesellschaft als verrechenbare Verluste festzustellen.

Dafür spricht auch die Überlegung, dass ein Sondereinfluss des § 15a EStG auf die Gewinn- und Verlustzurechnung im Rahmen doppelstöckiger Personengesellschaften spätestens dann zu Komplikationen führen dürfte, sofern an der

---

[231] Siehe hierzu Dritter Abschnitt, Gliederungspunkt III. 1. (S. 66).
[232] Zutreffender Ansatz von *Henning*, DB 1985, 886, 887.

Untergesellschaft neben der Obergesellschaft natürliche oder juristische Personen direkt beschränkt haftend beteiligt sind: Man wäre gezwungen, bei der Zurechnung verrechenbarer Verluste zusätzlich zu differenzieren, ob sie auf Personengesellschaften oder aber andere Gesellschafter entfielen - eine zu vermeidende Schwierigkeit.

Bei der Ergebnissaldierung gibt es jedoch durchaus Besonderheiten zu beachten.

Gemäß § 15a Abs. 2 EStG sind verrechenbare Verluste mit späteren Gewinnanteilen aus derselben Beteiligung zu saldieren, bei der die verrechenbaren Verluste entstanden sind. Es kann demnach keine Saldierung verrechenbarer Verluste aus der Untergesellschaft mit Gewinnen der Obergesellschaft vorgenommen werden. Verrechenbare Verluste der Untergesellschaft bleiben auf Ebene der Obergesellschaft verrechenbar und dürfen nicht mit originären Gewinnen der Obergesellschaft verrechnet werden. Umgekehrt muss sichergestellt sein, dass auch eine Umqualifizierung ausgleichsfähiger Verluste der Untergesellschaft in verrechenbare Verluste auf Ebene der Obergesellschaft nicht stattfinden kann[233]. Ferner hat eine Saldierung verrechenbarer Verluste mit Gewinnen der Untergesellschaft vorrangig vor einer Saldierung von Gewinnen der Untergesellschaft mit Verlusten der Obergesellschaft zu geschehen. Der Anteil der Obergesellschaft am Gewinn der Untergesellschaft und ein Betriebsverlust der Obergesellschaft dürfen mithin nicht zu einem einheitlichen Ergebnis zusammengefasst werden, soweit auf Ebene der Untergesellschaft noch verrechenbare Verluste vorhanden sind. Diese sind primär aufzubrauchen. All dies spricht letztlich im Hinblick auf Zwecke des § 15a EStG für eine Trennung der Ergebnisse von Unter- und Obergesellschaft[234].

Für den Fall, dass die Obergesellschaft selbst aus ihrem Betrieb einen gemäß § 15a EStG nur verrechenbaren Verlust erzielt (möglich bei Konstellation 3), ist entsprechend eine weitere gesonderte Verlustfeststellung durchzuführen. In derartigen Konstellationen doppelstöckiger Kommanditgesellschaften ist nun bei der Ergebniszurechnung sowie -saldierung - wie eingangs beschrieben[235] - zu beachten, dass der auf Ebene der Untergesellschaft festgestellte verrechenbare Verlust das Verlustausgleichspotenzial der beschränkt haftenden Gesellschafter der Obergesellschaft nicht zusätzlich einschränkt (Verhinderung der Kumulation von Verlustausgleichsbeschränkungen). Dies geschieht ausweislich des oben gebildeten Beispielsfalles, sofern durch die Zurechnung verrechenbarer Verlus-

---

[233] Dazu *Helmreich*, Verluste bei beschränkter Haftung und § 15a EStG, 310 f.

[234] *Helmreich*, Verluste bei beschränkter Haftung und 15a EStG, S. 311: „strenge Trennung".

[235] Dritter Abschnitt, Gliederungspunkt III. 1. (S. 66).

te aus der Untergesellschaft negative Kapitalkonten der Obergesellschafter entstehen oder erhöht werden, obwohl ein verrechenbarer Verlust steuerlich nicht unmittelbar geltend gemacht werden kann. Auch sofern es trotz Einbeziehung der verrechenbaren Verluste bei positiven Kapitalkonten bleibt, müssen diese gleichwohl eine Behandlung erfahren, die eine Doppelberücksichtigung im Falle späterer Verluste verhindert. Die Auswirkungen als verrechenbar festgestellter Verluste der Untergesellschaft auf die Kapitalkonten der Obergesellschafter sind mithin ein Kernproblem der Integration des § 15a EStG in das Besteuerungskonzept doppelstöckiger Personengesellschaften. Diese Lösung kann allerdings nicht isoliert als Frage der Ergebniszurechnung und -saldierung, sondern nur in Zusammenhang mit der Frage des Kapitalkontenausweises im Rahmen doppelstöckiger Personengesellschaften beantwortet werden[236].

Als Zwischenergebnis lassen sich folgende Leitgedanken für die Lösung des Umsetzungsproblems der Integration des § 15a EStG in das Besteuerungskonzept doppelstöckiger Personengesellschaften festhalten:

1)   Auch in doppelstöckigen Personengesellschaften erfolgt die Gewinnzurechnung grundsätzlich nach den allgemeinen Regeln.

2)   Eine Kumulation von Verlustausgleichsbeschränkungen ist zu verhindern.

3)   Vor dem Hintergrund, dass § 15a EStG eine Durchbrechung des in § 2 Abs. 3 EStG niedergelegten Grundsatzes der Saldierung positiver und negativer Einkünfte enthält, sind die Ergebnisse von Unter- und Obergesellschaft getrennt zu behandeln.

d)   Sonderproblem: Zusammentreffen von Veräußerungsgewinn und verrechenbarem Verlust

Besondere Probleme stellen sich bei der Veräußerung von Mitunternehmeranteilen im Rahmen doppelstöckiger Personengesellschaften. Im Falle der Veräußerung eines Gesellschaftsanteils einer Mitunternehmerschaft ist der Veräußerungsgewinn gemäß § 15a Abs. 2 EStG um die vorhandenen verrechenbaren Verluste zu mindern.

---

[236] Dazu Dritter Abschnitt, Gliederungspunkte III. 3. (S. 75) und 4 (S. 109).

74

Veräußert die Obergesellschaft ihre Beteiligung an der Untergesellschaft, stellt die herrschende Meinung[237] im Rahmen der Anwendung des § 15a EStG auf den saldierten Betrag von Gewinn aus der Anteilsveräußerung und dem Betriebsergebnis des laufenden Jahres ab - selbst dann, wenn dadurch die Begünstigung des Veräußerungsgewinnes gemäß §§ 16 Abs. 1 Nr. 2, 34 Abs. 2 Nr. 1 EStG verloren geht. Problematisch erscheint hier im Übrigen auch, inwiefern der Freibetrag nach § 16 Abs. 4 und die Steuerermäßigung nach § 34 Abs. 3 EStG zu gewähren sind, da die Obergesellschaft die personenbezogenen Voraussetzungen der Altersgrenze und der Berufsunfähigkeit streng genommen nicht erfüllen kann[238]. Dies soll selbst dann gelten, sofern hinter ihr natürliche Personen stehen. An dieser Stelle zeigt sich wieder die generelle Problematik der steuerrechtlichen Behandlung doppelstöckiger Personengesellschaften: Die „normalen" gesetzlichen Vorschriften sind für den „Normalfall" der unmittelbaren Beteilung konzipiert.

Im Rahmen der Veräußerung des Anteils an der Obergesellschaft durch den Obergesellschafter[239] stellt sich die Frage nach der Vorgehensweise, sofern ein Veräußerungsgewinn aus der anteiligen Aufdeckung der stillen Reserven der Wirtschaftsgüter im Betriebsvermögen der Untergesellschaft entsteht. Gemäß § 15a Abs. 2 EStG ist er um den auf den Obergesellschafter verteilten verrechenbaren Verlust zu kürzen. Auch hier gilt es den Grundsatz zu beachten, dass eine Saldierung nur für die Gewinne in Betracht kommt, die aus dem Betrieb der Untergesellschaft herrühren[240].

Auf das sich in Zusammenhang mit Veräußerungsvorgängen im Rahmen doppelstöckiger Personengesellschaften stellende Problem der Bildung von Ergänzungsbilanzen wird noch einzugehen sein[241].

---

[237] *BFH*, Urteil v. 26.01.1995 - IV R 23/93, BStBl II 1995, 467; ähnlich Beschluss vom 26.08.1998 - IV B 136/97, BFH/NV 1999, 307; *Helmreich*, Verluste bei beschränkter Haftung und § 15a EStG, 296 und 304; *Ley*, KÖSDI 1996, 10923, 10935; *Rätke* in Hermann/Heuer/Raupach, § 15 EStG Anm. 655; *Wacker* in L. Schmidt, EStG, 24. Auflage 2005, § 15a Rz. 100.

[238] Hierzu *Rätke* in Hermann/Heuer/Raupach, § 15 EStG Anm. 656 m.w.N.

[239] Hierzu *Rätke* in Hermann/Heuer/Raupach, § 15 EStG Anm. 660 ff.; zum vergleichbaren Fall der Ausgleichsbeschränkung gemäß § 15 Abs. 4 Satz 1 EStG *BFH*, Urteil v. 01.07.2004 - IV R 67/00, BFHE 206, 557, DB 2004, 2401.

[240] *Helmreich*, Verluste bei beschränkter Haftung und § 15a EStG, 304.

[241] Siehe hierzu Dritter Abschnitt, Gliederungspunkt III. 4. (S. 109).

3. Ansatz der Unterbeteiligung in der Steuerbilanz der Obergesellschaft im Blickpunkt von § 15a EStG

a) Bedeutung im Rahmen des § 15a EStG

Die Ausgleichsfähigkeit von Verlusten bestimmt sich nach der Höhe des Kapitalkontos des Kommanditisten als Bestandteil des steuerbilanziellen Kapitals der Kommanditgesellschaft.

Im Normalfall spiegelt sich das steuerbilanzielle Kapital und damit das Kapitalkonto unproblematisch durch Saldierung der Aktivseite der Steuerbilanz mit den auf der Passivseite ausgewiesenen Verbindlichkeiten und Rückstellungen wider. Im Falle mehrstufiger Personengesellschaften stellt sich allerdings zusätzlich das Sonderproblem, ob und in welchem Umfang die Beteiligung an der Untergesellschaft in der Steuerbilanz der Obergesellschaft auszuweisen ist. Hier sind auf den ersten Blick mehrere Aspekte klärungsbedürftig, die es im Einzelnen noch separat abzuarbeiten gilt: Soll auf einen Ansatz der Untergesellschaftsbeteiligung in der Steuerbilanz der Obergesellschaft gänzlich verzichtet werden oder hat ein solcher grundsätzlich zu erfolgen? Legt man die Anschaffungskosten zugrunde oder bilanziert man das anteilige Kapital? Wie wirken sich dann Verluste der Untergesellschaft auf den Beteiligungsansatz in der Obergesellschaft aus?

Die Lösung des Umsetzungsproblems der Behandlung negativer Kapitalkonten in doppelstöckigen Personengesellschaften steht demnach in unmittelbarem Zusammenhang mit der nach wie vor nicht abschließend geklärten Frage des Ansatzes der Unterbeteiligung in der Steuerbilanz der Obergesellschaft. Während die handelsrechtliche Bilanzierung insoweit im Hinblick auf die HFA-STELLUNGNAHME 1/1991[242] wohl als weitgehend geklärt angesehen werden kann, ist im Hinblick auf die steuerbilanzielle Behandlung keine einheitliche Auffassung zu verzeichnen - und das trotz einer seit Ende der siebziger Jahre währenden, in Zusammenhang mit der Aufgabe der Bilanzbündeltheorie seitens des Bundesfinanzhofes ausgelösten Diskussion[243]. Die grundsätzliche Entscheidung, ob und gegebenenfalls in welchem Umfang ein Ansatz als Aktivvermö-

---

[242] Wpg 1991, 334.
[243] Siehe schon *Döllerer*, Wpg 1977, 81, 87; *L. Schmidt*, FR 1976, 21; *Woerner* in JbFfSt 1978/79, 228, 236.

gen zu erfolgen hat, entfaltet hinsichtlich der materiellen Auswirkungen des § 15a EStG erhebliche Konsequenzen[244].

Eng verwandt mit dieser Frage und auch nicht losgelöst von dieser zu beantworten, steht das Problem der steuerbilanziellen Behandlung von Beteiligungserträgen aus einer Personengesellschaft: Sollen diese nur außerbilanziell berücksichtigt werden oder schlagen sie sich unmittelbar im Beteiligungsansatz nieder? Eines steht diesbezüglich jedenfalls fest und liegt sämtlichen Auffassungen auch zugrunde: Der Ansatz der Personengesellschaftsbeteiligung in der Bilanz des Gesellschafters darf für die Ermittlung seiner eigenen Einkünfte keine Rolle spielen. Insofern ist allein das einheitlich und gesondert festgestellte Ergebnis der Personengesellschaft maßgebend[245].

b)   Bislang vertretene Lösungsansätze

aa)   Verzicht auf einen Ansatz der Beteiligung

Betrachtet man die bislang zum Problem der Bilanzierung von Anteilen an Personengesellschaften in der Steuerbilanz vertretenen Auffassungen, so sieht man sich einer „schwer überschaubaren Fülle von Meinungsäußerungen"[246] gegenüber. Die erste Auffassung[247] verzichtet gänzlich auf einen Ansatz der Beteiligung in der Steuerbilanz der Obergesellschaft - eine Personengesellschaftsbeteiligung stellt hiernach ein „bilanzielles Nullum" dar, da eine derartige Beteiligung nicht zum Betriebsvermögen im Sinne des § 4 Abs. 1 EStG gehöre. Das Steuerrecht enthalte vor dem Hintergrund, dass § 4 Abs. 1 EStG ausschließlich der Einkünfteermittlung auf Ebene der Gesellschaft dient, für Zwecke der Gewinnermittlung insofern eben vom Handelsrecht abweichende Ansatz- und Bewertungsvorschriften. Ein Bewertungsproblem kann sich dementsprechend hinsichtlich der Unterbeteiligung nach diesem Ansatz gar nicht erst stellen.

Hauptargument ist die Verneinung der Wirtschaftsguteigenschaft von Beteiligungen an Personengesellschaften durch den Bundesfinanzhof im Zuge der Abkehr von der Bilanzbündeltheorie[248]. Zwar vertritt die herrschende Meinung in

[244] *Ley,* KÖSDI 1996, 10923, 10931 mit Beispielen; zustimmend *Rätke* in Hermann/Heuer/Raupach, § 15 EStG, Anm. 674.
[245] Schon *BFH,* Urteil vom 23. Juli 1975 - I R 165/73, BStBl II 1976, 73.
[246] *Wrede,* FR 1990, 293.
[247] *Bürkle/Knebel,* DStR 1998, 1067, 1072 und 1890, 1892; *Hoffmann,* BB-Beilage 2/1988, 4.
[248] *BFH,* Beschluss vom 25.02.1991 - GrS 7/89, BStBl II 1991, 691, 700; Urteil vom 06.071995 - IV R 30/93, BStBl II 1995, 831; Urteil v. 24.3.1999 - I R 114/97, BStBl II 2000,

der Literatur[249] die gegenteilige Auffassung, misst diesem Streit aber in der Regel keine praktische Relevanz zu, da jedenfalls Einigkeit dahingehend besteht, dass maßgebend für die Gewinnermittlung eines bilanzierenden Gesellschafters ausschließlich das einheitlich und gesondert festgestellte Ergebnis der Personengesellschaft ist[250]. Gewinn- und Verlustanteile werden - schon zur Vermeidung einer doppelten Berücksichtigung - eben sämtlichst außerbilanziell berücksichtigt. Hinzu kommt, dass eine eigenständige Steuerbilanz zumeist ohnehin nicht erstellt wird, die Veranlagung vielmehr auf Basis der Handelsbilanz erfolgt. Für die Ermittlung des steuerlich relevanten Ergebnisses genügt es, die handelsbilanziell erfassten Ergebniseffekte aus der Beteiligung zu neutralisieren und das gemäß §§ 179 ff. AO einheitlich und gesondert festgestellte Ergebnis der Personengesellschaft zuzurechnen.

Die materielle Bedeutung dieser Streitfrage für die Besteuerung unter einem anderen Gesichtspunkt wird jedoch häufig verkannt[251]: Sie liegt in der Doppelfunktion der Steuerbilanz begründet, die neben der Ergebnisermittlung auch dem Betriebsvermögensausweis dient. Letzter entfaltet nun im Rahmen des § 15a EStG im Hinblick auf die Ermittlung der Kapitalkontenhöhe sehr wohl materielle Bedeutung.

bb) Ansatz der Beteiligung und Bewertung nach der Spiegelbildmethode

Soweit die Wirtschaftsguteigenschaft von Personengesellschaftsbeteiligungen anerkannt wird, spricht sich ein Teil der Literatur[252] für den Ansatz der Beteiligung an der Untergesellschaft in der Bilanz der Obergesellschaft nach der Spiegelbildmethode aus. Im mittelständischen Bereich soll dies trotz Verneinung der

---

399; der Rechtsprechung folgend *BMF*, Schreiben v. 29.04.1994, Az.: IV B 2 - S 2241 - 9/94 und IV A 4 - S 0361 - 11/94, BStBl I 1994, 282. Erörterung dieser Frage siehe Dritter Abschnitt, Gliederungspunkt III. 3. d) aa) (1) (S. 91).

[249] *Groh*, StuW 1995, 383, 385; *Gschwendtner*, DStR 1993, 817, 822; *Ley*; KÖSDI 1996, 10923, 10925; *Reiß*, StuW 1986, 232, 252; *Schön*, FR 1994, 658, 662; *Wrede*, FR 1990, 293, 294.

[250] So etwa *Bürkle/Knebel*, DStR 1998, 1067, 1071 f.; *Dietel*, DStR 2002, 2140, 2141; *Groh*, StuW 1995, 383, 385; *Schön*, FR 1994, 658, 661.

[251] So zutreffend *Ley*, KÖSDI 1996, 10923, 10924.

[252] *Groh*, StuW 1995, 383, 385; *Hebeler*, BB 1998, 206, 208; *Helmreich*, Verluste bei beschränkter Haftung und § 15a EStG, 298; *Rätke* in Hermann/Heuer/Raupach, § 15 EStG Anm. 646; *Reiß* in Kirchhof/Söhn/Mellinghoff, EStG, § 15 Rdnr. E 244; ferner DStR 1998, 1887, 1890; siehe auch die Stellungnahme des *HFA* des IdW 3/76, Wpg 1976, 591, welche durch die Stellungnahme 1/1991, Wpg 1991, 334 allerdings geändert wurde.

Wirtschaftsgutseigenschaft durch die Rechtsprechung weit verbreitete Praxis sein[253]. Die Finanzverwaltung akzeptiert dies mit Modifikationen[254].

Die Vorgehensweise nach der Spiegelbildmethode bedeutet: Der Wertansatz der Beteiligung richtet sich nach der Höhe des steuerlichen Kapitals - sprich dem anteiligen Kapitalkonto - des bilanzierenden Gesellschafters bei der Personengesellschaft, vermehrt oder vermindert um sein Ergänzungskapital. Anders ausgedrückt: Der Steuerbilanzansatz für die Beteiligung beim Gesellschafter entspricht der Summe seiner Kapitalkonten in den steuerlichen Bilanzen der Personengesellschaft - diese werden (in der Regel) von der Passivseite auf die Aktivseite „gespiegelt". Veränderungen der Kapitalkonten bewirken demgemäß auch eine Veränderung des Bilanzansatzes für die Beteiligung. Gutschriften auf den Kapitalkonten infolge steuerbilanzieller Gewinne oder aber Belastungen der Kapitalkonten infolge steuerbilanzieller Verluste erhöhen beziehungsweise vermindern „automatisch" den Beteiligungsbuchwert in der Steuerbilanz des Gesellschafters. Jede Veränderung des Gesellschafterkapitalkontos wird auf dem Bilanzkonto „Beteiligungen an Personengesellschaften" nachvollzogen. Gewinne und Verluste schlagen auf diese Weise bereits im Jahr ihrer Entstehung unmittelbar auf den Beteiligungsbuchwert beim Gesellschafter durch. Außerbilanzielle Änderungen, hervorgerufen etwa durch nicht abzugsfähige Betriebsausgaben oder steuerfreie Einnahmen[255], sind „spiegelbildlich" auch beim Gesellschafter außerbilanziell nachzuvollziehen.

Es wird vertreten, dass in das steuerliche Kapital - angesichts des Umstandes, dass dieses den gesamten Mitunternehmeranteil umfasst - dabei auch das Sonderbetriebsvermögen einzubeziehen sei[256], wobei dieser Punkt nicht von allen Vertretern der Spiegelbildmethode explizit behandelt wird - insofern besteht hinsichtlich der Behandlung eine gewisse Unklarheit. Vor dem Hintergrund,

---

[253] Vgl. *Dietel*, DStR 2002, 2140, 2141; *Groh*, JbFfSt 1983/84, 255, 259; *Knobbe-Keuk*, AG 1979, 293, 303; *Nieskens*, Wpg 1988, 493, 499; *Reiß*, DStR 1998, 1887; *Stegemann*, INF 2003, 266.

[254] *OFD Bremen*, Vfg. v. 19.10.1995, S 2241a - St 201, BB 1996, 900; vgl. am Rande auch *OFD Chemnitz*, Verfügung v. 5.2.1998, Az.: S 2241a - 8/1 - St 31, DB 1998, 903; *OFD Nürnberg*, Verfügung vom 13.11.1997, Az.: S 2241a - 31/St 31, BB 1998, 44; siehe sogleich Dritter Abschnitt, Gliederungspunkt III. 3. b) ee) (S. 81).

[255] Beispiele bei *Mayer*, DB 2003, 2034, 2035.

[256] *Ley*, KÖSDI 1996, 10923, 10925; siehe auch DStR 2004, 1498, 1500; *Schlagheck*, BBK Fach 14, 1375, 1381 f.; *Schmid*, DStR 1997, 941, 946; *Zimmermann/Hottmann/Schaeberle/ Völkel*, Die Personengesellschaft im Steuerrecht, 8. Auflage 2003, B 1.10.2 (Rdnr. 413).

dass das Kapitalkonto der Sonderbilanz bei der Anwendung des § 15a EStG außer Ansatz bleibt, sollte auf seine Einbeziehung wohl eher verzichtet werden[257].

Hauptargument für Anwendung der Spiegelbildmethode ist das Gebot des § 15
Abs. 1 Satz 1 Nr. 2 Satz 1, 1. Hs. EStG, Gewinne und Verluste der Gesellschaft
anteilig beim Gesellschafter zu erfassen[258].

cc) **Ansatz der Beteiligung und Bewertung mit den Anschaffungskosten**

Ein weiterer Ansatz behandelt Beteiligungen an Personengesellschaften in der
Steuerbilanz ebenso wie in der Handelsbilanz[259]. Da derartige Beteiligungen
handelsrechtlich als Vermögensgegenstand qualifiziert werden, richte sich ihre
Behandlung nach § 253 HGB. Sie werden nach herrschender Auffassung[260] im
Handelsrecht ebenso wie Anteile an Kapitalgesellschaften bilanziert. Sofern sie
dem Geschäftsbetrieb im Sinne des § 247 Abs. 2 HGB dauernd dienen sollen,
handelt es sich um Beteiligungen im Sinne des § 271 Abs. 1 Satz 1 HGB[261].
Diese sind als Vermögensgegenstände gemäß § 266 Abs. 2 HGB bei der Kapitalgesellschaft als Teil der Position A.III.3 auszuweisen[262]. Die Bewertung erfolgt gemäß § 253 Abs. 1 HGB grundsätzlich mit den historischen Anschaffungskosten im Sinne des § 255 Abs. 1 HGB, mithin den Aufwendungen, die
geleistet werden, um einen Vermögensgegenstand zu erwerben und ihn in einen
betriebsbereiten Zustand zu versetzen. Bei Neugründungen versagt diese Definition zwar, die so aufgedeckte Gesetzeslücke ist allerdings im Wege teleologi-
scher Auslegung zu schließen. Wirtschaftlich hat auch der originäre Erwerb von
Gesellschaftsrechten den Charakter einer Anschaffung in Form von Leistungs-
austausch gegen Einlagen[263]. Gegebenenfalls hat eine Bewertung in Höhe des
niedrigeren Teilwertes zu erfolgen. Verluste führen gemäß § 253 Abs. 2 und 3

---

[257] Gleicher Auffassung *Groh*, StuW 1995, 383, 385; *Rätke* in Hermann/Heuer/Raupach, § 15
EStG Anm. 646; *Reiß* in Kirchhof/Söhn/Mellinghoff, EStG, § 16 Rdnr. C 41.
[258] *Groh*, StuW 1995, 383, 385; *Reiß* in Kirchhof/Söhn/Mellinghoff, EStG, § 15 Rdnr. C 41.
[259] *Schön*, FR 1994, 658, 662; *Wrede*, FR 1990, 293, 300; siehe auch *Mellwig*, BB 1990,
1162.
[260] Vgl. die Stellungnahme des Hauptfachausschusses der Wirtschaftsprüfer, HFA 1/1991,
Wpg 1991, 334 f.
[261] Mangels unternehmerischer Einflussmöglichkeit soll dies für den Kommanditisten einer
Publikums-KG nicht gelten, hier müsse ein Ausweis als Sonderposten innerhalb der Finanzan-
lagen erfolgen: siehe *Nieskens*, Wpg 1988, 493, 494 f. m.w.N. Dieser Sonderfall ist für die
doppelstöckige Personengesellschaft allerdings kaum von Relevanz.
[262] Zu Ausweis- und Gliederungsfragen in Zusammenhang mit Beteiligungen *Schlagheck*,
BBK Fach 14, 1375 f.
[263] *Richter* in Hermann/Heuer/Raupach, § 6 EStG, Anm. 795; *Nieskens*, Wpg 1988, 493, 495;
kritisch *Hoffmann*, BB-Beilage 2/1988, 6.

HGB gegebenenfalls zu einer außerplanmäßigen Abschreibung auf den beizulegenden niedrigeren Wert[264]. Danach dürfen sich Verluste auf den Beteiligungswert allerdings nur auswirken, sofern deren innerer Wert unter den Beteiligungsbuchwert des letzten Bilanzstichtages gesunken ist, andernfalls scheidet eine Abschreibung aus. Dieser Wert richtet sich im Allgemeinen nach dem Ertragswert der Beteiligung[265]. Verluste sind für sich genommen demnach kein Grund für eine Wertberichtigung. Bei voraussichtlich dauernder Wertminderung ist zwingend eine Abschreibung vorzunehmen. Dies ist der Fall, sofern konkrete Anhaltspunkte dafür sprechen, dass der erlittene Substanzverlust durch künftige Gewinne nicht auszugleichen sein wird[266]. Nach § 179 ff. AO festgestellte Gewinn- und Verlustanteile werden außerbilanziell hinzu- oder abgerechnet, sie haben keinen unmittelbaren Einfluss auf die Bilanzierung der Beteiligung. Der Beteiligungsbuchwert wird im Falle von Einlagen erhöht oder eben im Falle von Entnahmen verringert.

dd) Erfassung der Anteile an den einzelnen Wirtschaftsgütern - modifizierte Spiegelbildmethode

Nach einem weiteren Ansatz[267] sollen zwar im Hinblick auf die in § 6 EStG getroffene Regelung für die Bewertung grundsätzlich die Anschaffungskosten maßgebend sein. Allerdings gelte es, steuerliche Besonderheiten zu berücksichtigen. Der Beteiligungsansatz spiegele steuerlich betrachtet letztlich die Anteile des Personengesellschafters an den Wirtschaftsgütern und Schulden der Personengesellschaft wider[268]. Diese Anteile seien nach dem bilanzrechtlichen Transparenzprinzip in der Steuerbilanz des bilanzierenden Gesellschafters zu erfassen. Ein Verstoß gegen das Anschaffungskostenprinzip wird insofern nicht gesehen, da Vermögensmehrungen auf Ebene der Personengesellschaft mittelbar neuen Anschaffungskosten entsprächen[269]. In der Steuerbilanz des Gesellschafters hat demnach eine Zuordnung zu den Bilanzpositionen zu erfolgen, bei denen diese Ebene üblicherweise erfasst wird.

---

[264] HFA 1/1991, Wpg 1991, 334, 335.

[265] Statt vieler *Adler/Düring/Schmaltz*, 6. Auflage, § 253 HGB Rz. 464 f.

[266] *Schlagheck*, BBK Fach 14, 1375, 1377.

[267] *Dietel*, DStR 2002, 2140, 2144; *Ley*, KÖSDI 1996, 10923, 10925; *Mayer*, DB 2003, 2034, 2035; *Nickel/Bodden*, FR 2003, 391, 395; *Wacker* in L. Schmidt, EStG, 24. Auflage 2005, § 15 Rz. 690.

[268] Vgl. diverse *BFH*-Urteile: etwa Urteil v. 23.07.1975 - I R 165/73, BStBl II 1976, 73; Urteil v. 29.09.1976 - I R 171/75, BStBl II 1977, 259; Urteil v. 19.02.1981 - IV R 41/78, BStBl II 1981, 730; Urteil v. 20.06.1985 - IV R 36/83, BStBl II 1985, 654; aus jüngerer Zeit Urteil vom 30.04.2003 - I R 102/01, BStBl II 2004, 804; ferner *Ley*, KÖSDI 2001, 12982, 12983.

[269] *Mayer*, DB 2003, 2034, 2036; a.A.: *Bürkle/Knebel*, DStR 1998, 1067, 1069 m.w.N.

Teilweise[270] wird vertreten, dass diese aktiven und passiven Wertansätze aus Vereinfachungsgründen allerdings auch saldiert in einer Position „Beteiligung an Personengesellschaft" ausgewiesen werden könnten. Diese solle kein Wirtschaftsgut, sondern einen steuerbilanziellen Merkposten darstellen[271]. Dem Transparenzprinzip werde insofern Genüge getan, als die Zusammensetzung dieser Position aus den Steuerbilanzen der Personengesellschaft ersichtlich sei. Diesem Hinweis ist zuzugeben, dass ein Ausweis der anteiligen Wirtschaftsgüter der Personengesellschaft schon aus praktischen Gründen oft scheitern müsste, allerdings stellt sich dann die Frage, inwiefern sich die soeben vorgeschlagene Vorgehensweise noch von der Spiegelbildmethode unterscheidet. Die Summe der anteiligen Aktiva und Passiva in der Steuerbilanz der Personengesellschaft entspricht nämlich der Summe der steuerlichen Kapitalkonten des bilanzierenden Gesellschafters[272].

Letztlich schlägt LEY[273] in diesem Zusammenhang vor dem Hintergrund der praktischen Probleme, die eine Übernahme der anteiligen aktiven und passiven Wertansätze in die Steuerbilanz der Gesellschafter verursacht, eine pragmatische Vorgehensweise vor: Grundsätzlich soll der handelsrechtliche Ansatz der Beteiligung - mit Korrekturen bei der Gewinn- und Verlustrechnung - in die Steuerbilanz übernommen werden, wenn es auf einen zutreffenden Ausweis des bilanziellen Betriebsvermögens der Obergesellschaft nicht ankommt (was im Rahmen des § 15a EStG jedoch gerade der Fall ist).

ee)   **Spiegelbildmethode sowie Ansatz eines außerbilanziellen Merkpostens**

Die Finanzverwaltung[274] geht zwar grundsätzlich von der Spiegelbildmethode aus, hilft sich für Zwecke des § 15a EStG jedoch zusätzlich durch Bildung eines

---

[270] *Mayer,* DB 2003, 2034, 2035.

[271] *Patt* in Dötsch/Eversberg/Jost/Witt, Komm. z. EStG/KStG, § 20 UmwStG Rdnr. 169.

[272] Dies wird letztlich von *Mayer,* DB 2003, 2034, 2035 so gesehen. Er bezeichnet den Ansatz der anteiligen Bilanzierung daher auch als „Spiegelbildmethode", differenziert mithin anders als die vorliegende Untersuchung nicht zwischen diesen Ansätzen. Im Hinblick auf dennoch bestehende Unterschiede [siehe Dritter Abschnitt, Gliederungspunkt III. 3. c) bb) (S. 84)] erscheint dies jedoch nicht gerechtfertigt.

[273] *Ley,* KÖSDI 1996, 10923, 10926.

[274] *OFD Bremen,* Vfg. v. 19.10.1995, S 2241a - St 201, BB 1996, 900; vgl. am Rande auch *OFD Chemnitz,* Verfügung v. 5.2.1998, Az.: S 2241a - 8/1 - St 31, DB 1998, 903; *OFD Nürnberg,* Verfügung vom 13.11.1997, Az.: S 2241a - 31/St 31, BB 1998, 44; siehe auch A 79 Abs. 5 KStR; *BMF,* Schreiben vom 25.03.1998, BStBl I 1998, 268, 285, Tz. 03.10 (Umwandlungssteuererlass); zustimmend und ebenfalls mit Fallbeispiel *Helmreich,* Verluste bei beschränkter Haftung und § 15a EStG, 307 f.

außerbilanziellen Merkpostens, in dem die Entwicklung des verrechenbaren Verlustes aus der Untergesellschaft abgebildet wird.

Verdeutlichen lässt sich der Hintergrund dieser Vorgehensweise anhand folgenden *Beispiels*, in dem das Sonderproblem von Verlusten der Obergesellschaft bei der Untergesellschaft angelegt ist, was zum oben bereits beschriebenen Problem der Kumulation von Verlustausgleichsbeschränkungen führt.

Kommanditist (Obergesellschafter)

⇓

KG (Obergesellschaft)

⇓

KG (Untergesellschaft)

Es bestehen jeweils hundertprozentige Kommanditbeteiligungen.

Im Jahr 01 ergeben sich nachstehende Kapitalkontenentwicklungen:

Ebene Untergesellschaft:

Kapital der Obergesellschaft am 1.1.01	*+400*
Verlustanteil 01	*./.500*
Kapital der Obergesellschaft am 31.12.01	*./.100*
Ebene Obergesellschaft:	
Kapital des Kommanditisten am 1.1.01	*+1.100*
Verlust 01 aus Betrieb der Obergesellschaft	*./.650*
Verlustanteil aus der Untergesellschaft	*./.500*
(davon 100 nur verrechenbar)	
Kapital des Kommanditisten am 31.12.01	*./.50*

Stellt man sich nun die Frage nach der Höhe des für den Obergesellschafter ausgleichsfähigen Verlustes, so könnte dieser auf den ersten Blick nicht 1050 (650 Verlust aus der Obergesellschaft zuzüglich 400 ausgleichsfähiger Verlust aus der Untergesellschaft) sondern nur 1.000 betragen. Angesichts des Entstehens eines negativen Kapitalkontos in Höhe von ./.50 bei der Obergesellschaft wäre § 15a EStG anzuwenden und ein Betrag von 50 wäre für den Obergesellschafter nur verrechenbarer Verlust.

Die Konsequenz einer derartigen Vorgehensweise ist allerdings, dass sich der nur verrechenbare Verlust der Untergesellschaft zweifach auswirkt, denn erst durch diesen verrechenbaren Verlust in Höhe von 100 ist das Kapitalkonto des Obergesellschafters negativ geworden. Anderenfalls hätte es +50 betragen.

Nach Auffassung der Finanzverwaltung[275] widerspricht sowohl die konsequente Anwendung der Spiegelbildmethode als auch die Bilanzierung der anteiligen Wirtschaftsgüter und die daraus resultierende doppelte Berücksichtigung des schon bei der Untergesellschaft festgestellten verrechenbaren Verlustes Sinn und Zweck des § 15a EStG. Dies kann durch die Bildung eines - nur für Zwecke des § 15a EStG maßgeblichen - außerbilanziellen Merkpostens verhindert werden:

Obergesellschaft:	
Kapital des Kommanditisten am 1.1.01	*+1.100*
Verlust 01 aus Betrieb der Obergesellschaft	*./.650*
Verlustanteil aus der Untergesellschaft	*./.500*
(davon 100 nur verrechenbar)	
Kapital des Kommanditisten am 31.12.01	*./.50*
außerbilanzieller Merkposten für 15a-Zwecke	*+100*
(entspricht der Höhe des verrechenbaren	
Verlustes aus der Untergesellschaft)	
für 15a maßgebliches Kapitalkonto	*+50*

Durch Einbeziehung des Merkpostens in die Berechnung des Verlustausgleichspotenzials auf Ebene der Obergesellschaft wird die Minderung des Kapitalkontos des Obergesellschafters durch verrechenbare Untergesellschaftsverluste in Höhe von 100 im Ergebnis rückgängig gemacht, so dass die beschriebene Doppelauswirkung unterbleibt.

Der Merkposten und auch das für Zwecke des § 15a EStG berechnete Kapitalkonto besitzen keine verfahrensrechtliche Selbständigkeit. Es handelt sich lediglich um Berechnungsgrößen, die jedes Jahr zwecks Bestimmung des Ausgleichspotenzials neu zu ermitteln sind[276].

---

[275] *OFD Bremen*, Vfg. v. 19.10.1995, S 2241a - St 201, BB 1996, 900; zustimmend *Ley, DStR 2004, 1498, 1501; Nickel/Bodden*, FR 2003, 391, 395.
[276] *Helmreich*, Verluste bei beschränkter Haftung und § 15a EStG, 308.

c) Vergleich der Lösungsansätze

aa) Grundsätzliche Auswirkungen von Ansatz und Ansatzverzicht

Zu untersuchen sind differierende Auswirkungen der vorgestellten Meinungen, insbesondere die daraus resultierenden bilanziellen und außerbilanziellen Korrekturen im Rahmen der Ermittlung des steuerlichen Gewinns beim Gesellschafter sowie die für die Handhabe des § 15a EStG bedeutsamen Gesichtspunkte. Vergleicht man die hier vorgestellten Methoden, lassen sich folgende Unterschiede herausstellen: Soweit auf einen Ansatz gänzlich verzichtet wird, ist das steuerbilanzielle Vermögen des bilanzierenden Gesellschafters dementsprechend um die auszuweisende Personengesellschaftsbeteiligung niedriger. Erfolgt ein Ausweis der Unterbeteiligung in der Steuerbilanz der Obergesellschaft, so erhöht sich in der Folge das Kapitalkonto des mittelbar beteiligten Gesellschafters bei der Obergesellschaft: Auf der Ebene der Obergesellschaft ergibt sich auf diese Weise ein höheres Verlustausgleichspotenzial für den mittelbar beteiligten Gesellschafter.

Ferner bestehen Unterschiede im Hinblick auf die jeweils vorzunehmenden bilanziellen wie außerbilanziellen Korrekturen.

Wird auf einen Ansatz der Beteiligung in der Steuerbilanz gänzlich verzichtet, so entfaltet diese natürlich auch keine Auswirkung auf das steuerbilanzielle Ergebnis. Daher sind außer der Zurechnung des einheitlich und gesondert festgestellten Ergebnisses keine weiteren außerbilanziellen Korrekturen nötig - für den Fall eines Ansatzes der Beteiligung ist dies regelmäßig nicht der Fall[277].

bb) Vergleich der unterschiedlichen Ansatzmethoden

Auch die Auffassungen, die sich übereinstimmend für einen Bilanzansatz aussprechen, differieren angesichts der unterschiedlichen Methoden im materiellen Ergebnis unter Umständen erheblich.

Hauptunterschied zwischen Spiegelbild- und Anschaffungskostenmethode ist, dass nach ersterer Gewinne und Verluste aus der Personengesellschaft unmittelbar im Jahr ihrer Entstehung im Beteiligungsbuchwert Niederschlag finden.

---

[277] Dazu sogleich Dritter Abschnitt, Gliederungspunkt III. 3. c) bb) (S. 84).

Für den Fall, dass die Untergesellschaft Verluste erleidet, ist nach der Anschaffungskostenmethode das Vermögen der Obergesellschaft im Vergleich zu einem Ansatz nach den Grundsätzen der Spiegelbildmethode höher - vorausgesetzt, die Verluste haben nicht zu einer entsprechend hohen außerplanmäßigen Abschreibung[278] geführt.

Der Ausweis der anteiligen positiven und negativen Wirtschaftsgüter dürfte sich im Regelfall mit dem Ausweis nach der Spiegelbildmethode materiell decken, da die anteiligen Wirtschaftsgüter summenmäßig dem Kapitalkonto des bilanzierenden Gesellschafters in der Gesellschaft entsprechen. Gegenüber der Spiegelbildmethode ergeben sich trotz dieser Ähnlichkeit dennoch Abweichungen. So ist etwa nach der modifizierten Spiegelbildmethode ein Ansatz des Anteils mit einem negativen steuerlichen Kapital nur bei Bestehen einer zu passivierenden Ausgleichsverpflichtung/ Nachschusspflicht zulässig, die bei Kommanditisten, die ihre Einlage geleistet haben, grundsätzlich nicht besteht. Insoweit wird argumentiert, ein negatives Kapitalkonto könne schließlich nur eine Leistungspflicht des Gesellschafters gegenüber der Gesellschaft abbilden[279]. In diesem Fall ist der Ausweis des Anteilswertes auf die Haftsumme zu begrenzen und der darüber hinausgehende Negativbetrag als „besonderer steuerlicher Ausgleichsposten" zu bilanzieren[280]. Nach der Spiegelbildmethode ist hingegen unabhängig vom Bestehen einer Nachschussverpflichtung ein negatives Kapitalkonto auszuweisen[281]. Dem liegt die Vorstellung zugrunde, dass die Verlustbegrenzung nach § 167 Abs. 3 HGB sich erst beim Ausscheiden des Kommanditisten aus der Gesellschaft oder deren Auflösung auswirkt. Zuvor können hiernach Verlustanteile mithin durchaus zu einem negativen Kapitalkonto führen - „ohne dass der Kommanditist dadurch seiner beschränkten Haftung beraubt würde"[282].

---

[278] Vgl. Ausführungen von *Ley*, KÖSDI 1996, 10923, 10925. Fasst man den Anteil an einer Personengesellschaft ertragsteuerlich hingegen als die Summe der Miteigentumsanteile der zum Gesamthandsvermögen der Untergesellschaft gehörenden einzelnen Wirtschaftsgüter auf, kann in der Steuerbilanz der Obergesellschaft auf diese Beteiligung konsequenterweise auch keine Abschreibung vorgenommen werden. Sofern gemäß § 15 Abs. 1 Satz 1 Nr. 2 Satz 2 EStG nur der Gewinnanteil Ergebniswirksamkeit entfalten soll, kann dem nicht durch eine Teilwertabschreibung vorgegriffen werden (dazu *Best*, DStZ 1991, 418, 419; *Groh*, StuW 1995, 383, 386; *Helmreich*, Verluste bei beschränkter Haftung und § 15a EStG, 298 unter Hinweis auf die herrschende Meinung im Bereich der Voll- und Quotenkonsolidierung beim Konzernabschluss).

[279] *Mellwig*, BB 1990, 1162, 1167.

[280] So *Mayer*, DB 2003, 2034, 2036.

[281] Vgl. *Hebeler*, BB 1998, 206, 208; *Helmreich*, Verluste bei beschränkter Haftung und § 15a EStG, 299; *Schulze-Osterloh*, in IdW, Personengesellschaft und Bilanzierung, 144.

[282] *Hebeler*, BB 1998, 206, 209.

Nach der Anschaffungskostenmethode sind Abschreibungen im Übrigen ebenfalls maximal in Höhe des Beteiligungsbuchwertes zulässig.

Unterschiede ergeben sich ferner hinsichtlich der notwendigen außerbilanziellen Korrekturen.

Folgt man der Anschaffungskostenmethode, so erfordert die steuerliche Gewinnermittlung die außerbilanzielle Korrektur etwaiger in Handels- und Steuerbilanz erfasster Beteiligungserträge, Teilwertabschreibungen sowie Wertaufholungen. Ferner ist das einheitlich und gesondert festgestellte Ergebnis sodann außerbilanziell hinzuzurechnen[283].

Auch im Rahmen der Spiegelbildmethode gilt es zu beachten, dass in den Beteiligungsansatz nicht der Anteil am einheitlich und gesondert festgestellten Ergebnis, sondern der Anteil am Steuerbilanzergebnis zu übernehmen ist. Steuerbilanzergebnis sowie einheitlich und gesondert festgestelltes Ergebnis der Personengesellschaft stimmen regelmäßig nicht überein. Letzteres ist nämlich um nicht abziehbare Ausgaben erhöht und um steuerfreie Erträge vermindert. Steuerbilanzielle Ergebniseffekte müssen außerbilanziell neutralisiert werden[284].

Erstellt man die Steuerbilanz nach der modifizierten Spiegelbildmethode, hat eine entsprechende Anpassung der handelsbilanziellen Wertansätze zu erfolgen, wobei der Ergebniseffekt außerbilanziell wieder zu kürzen ist. Der einheitlich und gesondert festgestellte Gewinnanteil wird wiederum außerbilanziell hinzugerechnet[285].

cc) Fallbeispiel

Deutlich werden die Unterschiede an einem konkreten Fallbeispiel[286] mehrstufiger Beteiligungsstrukturen, die § 15a EStG berühren.

Fall 1: Eine KG hat zwei Kommanditisten A und B sowie eine Komplementärin, die K-GmbH. Gesellschafter der K-GmbH sind A und B. Der Geschäftsbetrieb ist in der KG angesiedelt.

---

[283] Beispiel bei *Dietel*, DStR 2002, 2140, 2142.
[284] Hierzu ebenfalls Beispiel bei *Dietel*, DStR 2002, 2140, 2142.
[285] Erneut *Dietel*, DStR 2002, 2140, 2143 mit Berechnungsbeispiel.
[286] Fallbeispiel in Anlehnung an *Mayer*, DB 2003, 2034, 2036 f.

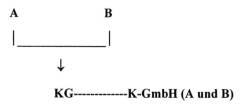

KG------------K-GmbH (A und B)

Die Steuerbilanz der KG zeigt im Jahr 01 folgendes Bild:

KG

Aktiva	2.000	Kapitalkonto A	1.000
		Kapitalkonto B	1.000
	__2.000__		__2.000__

Der Betriebsverlust der KG beläuft sich auf 3.000.

Hier ist unstreitig, dass im Rahmen der Einkommensteuerveranlagung von A und B eine Verrechnung dieses Verlustes mit anderen positiven Einkünften insoweit durch § 15a EStG begrenzt wird, als negative Kapitalkonten entstehen - jeweils 1.000 sind demnach ausgleichsfähig, 500 nur verrechenbar.

Fall 2: Es besteht dieselbe Beteiligungsstruktur wie bei Fall 1, allerdings ist die KG zu 100% an einer OHG beteiligt. Alle Aktiva befinden sich nicht bei der KG, sondern bei der OHG. Zugleich ist die KG Alleingesellschafterin der O-GmbH, der zweiten Gesellschafterin der OHG (hierin erschöpft sich ihre Funktion). Der Geschäftsbetrieb ist auf Ebene der OHG angesiedelt.

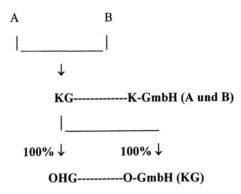

Vergleicht man die beiden Konstellationen, so lässt sich feststellen, dass sich die Haftungssituation für A und B jeweils nicht unterscheidet. Über ihre Stellung als Kommanditisten der KG und Gesellschafter der Komplementär-GmbH sind sie von einer Haftung für Verbindlichkeiten aus dem Geschäftsbetrieb abgeschirmt.

Für eine Verprobung unter dem Gesichtspunkt von § 15a EStG wird nun Folgendes angenommen:

Das Kapitalkonto der KG bei der OHG beträgt 2.000.

OHG

Aktiva	2.000	Kapitalkonto KG	2.000
	__2.000__		__2.000__

Auch im Fall 2 soll der (nunmehr auf Ebene der OHG erzielte) Betriebsverlust 3.000 betragen.

OHG

Kapitalkonto KG	1.000	Verbindlichkei-ten[287]	1.000
	1.000		**1.000**

§ 15a EStG findet auf Ebene der OHG keine Anwendung. Für ihre Gesellschafterin, die KG, ist der Verlust in Höhe von 3.000 trotz negativen Kapitalkontos in Höhe von 1.000 voll ausgleichsfähig. Zu klären bleibt die Frage, inwiefern sich nun auf Ebene der KG eine Beschränkung der Ausgleichsfähigkeit des den Gesellschaftern A und B zurechenbaren Verlustes ergeben kann. Dies wäre gemäß § 15a EStG insoweit der Fall, als durch die Zuweisung des Verlustes an die KG negative Kapitalkonten der Kommanditisten A und B entstehen.

Die Entstehung negativer Kapitalkonten wird wiederum entscheidend von der Art und Weise des Ansatzes der Beteiligung an der OHG in der Bilanz der KG beeinflusst.

Die Auffassungen, die auf einen Ansatz der Beteiligung ganz verzichten oder sich für eine Bewertung zu historischen Anschaffungskosten aussprechen, kommen erst gar nicht zu einer Entstehung negativer Kapitalkonten. Die Verlustanteile aus der Beteiligung an der OHG würden danach nur außerhalb der Bilanz der KG erfasst, die Kapitalkonten der Kommanditisten gar nicht berührt werden. Ohne die Entstehung negativer Kapitalkonten wäre streng genommen § 15a EStG gar nicht anwendbar, obwohl der Sachverhalt wirtschaftlich betrachtet - insbesondere im Hinblick auf die Haftsituation von A und B - der in *Fall 1* geschilderten Konstellation entspricht. Will man verhindern, dass Kommanditisten sich durch einfache Gründung einer GmbH und Verlagerung des Geschäftsbetriebes „ihrer" KG auf eine mit dieser GmbH und der KG zu gründende OHG den Folgen des § 15a EStG entziehen können - und damit seinen Sinn und Zweck aushöhlen - muss man zwecks Minderung der Kapitalkonten um außerbilanzielle Verlustanteile auf Hilfsrechnungen und -konstruktionen zurückgreifen. Zumindest auf den ersten Blick scheint dies kein wünschenswertes Ergebnis zu sein.

---

[287] Der Einfachheit halber wird in der vorliegenden Abhandlung davon ausgegangen, dass ein Verlust primär die Aktiva aufzehrt und in Höhe des überschießenden Teils die Verbindlichkeiten erhöht werden.

Nach der Spiegelbildmethode ergibt sich folgendes Bilanzbild:

KG

Kapitalkonto A	500	Anteil OHG	1.000
Kapitalkonto B	500		
	1.000		**1.000**

Angesichts der negativen Kapitalkonten kommt § 15a EStG für A und B gleichermaßen zum Tragen, wie in der Konstellation von Fall 1 - im Hinblick auf dessen Sinn und Zweck, die Ausgleichsfähigkeit von Verlusten der Haftsituation anzupassen, ein zutreffendes Ergebnis. Hilfs- oder Nebenrechnungen sind dazu nicht erforderlich.

Bei Anwendung der modifizierten Spiegelbildmethode/ anteiligen Bilanzierung ergeben sich für das vorliegende Beispiel keine materiellen Unterschiede. Die Beteiligung ist als Merkposten anstatt als Wirtschaftsgut auszuweisen. Der Ansatz mit einem negativen Wert ist zulässig, da die Obergesellschaft gemäß § 128 HGB unbeschränkt für Verbindlichkeiten der Untergesellschaft haftet.

KG

Kapitalkonto A	500	M.posten Anteil OHG	1.000
Kapitalkonto B	500		
	1.000		**1.000**

Handelte es sich bei der Untergesellschaft hingegen um eine KG, bei der die Obergesellschaft als Kommanditistin mit voll geleisteter Einlage fungierte, wäre materiell ebenfalls kein Unterschied zu verzeichnen. Diesem Umstand wäre durch Bildung eines besonderen steuerlichen Ausgleichspostens Rechnung zu tragen[288].

---

[288] Dritter Abschnitt, Gliederungspunkt III. 3. c) bb) (S. 84).

KG

Kapitalkonto A	500	M.posten Anteil KG	1
Kapitalkonto B	500	stl. Ausgleichsposten	1.000
	__1.000__		__1.000__

d) Eigene Auffassung

aa) Kritische Würdigung der bislang vertretenen Ansätze

(1) Zur Wirtschaftsgutseigenschaft von Personengesellschaftsbeteiligungen

Aufzugreifen ist zunächst die Extremposition, die auf einen Ansatz der Beteiligung vollständig verzichten will. Weichenstellend ist insofern die Frage, ob es sich bei der Beteiligung an einer Personengesellschaft um ein selbständiges Wirtschaftsgut handelt.

Der Bundesfinanzhof verneint die Wirtschaftsgutseigenschaft von Personengesellschaftsbeteiligungen[289]. Nach den Ausführungen des Großen Senats „verkörpert" der Anteil an einer Personengesellschaft lediglich „die Summe aller Anteile an den zum Gesellschaftsvermögen gehörenden Wirtschaftsgütern"[290]. Die Ablehnung der Wirtschaftsgutseigenschaft von Personengesellschaftsbeteiligungen durch den Bundesfinanzhof bringt insofern Unklarheit, als er an anderer Stelle dennoch feststellt, dass derartige Anteile in der Steuerbilanz des Gesellschafters auszuweisen seien, wobei die Bewertung der Personengesellschaft selbst obliege[291]. Er leitet demnach aus seiner Auffassung der fehlenden Wirtschaftsgutseigenschaft nicht etwa einen Verzicht auf die Bilanzierung ab, sondern nur eine Bewertung anhand der Steuerbilanz der Untergesellschaft[292]. Damit ist der Rechtsprechung nicht die Aussage einer „bilanziellen Nichtbehand-

---

[289] *BFH*, Beschluss vom 25.02.1991 - GrS 7/89, BStBl II 1991, 691, 700; Urteil vom 06.07.1995 - IV R 30/93, BStBl II 1995, 831; Urteil v. 24.3.1999 - I R 114/97, BStBl II 2000, 399.

[290] *BFH*, Beschluss vom 25.02.1991 - GrS 7/89, BStBl II 1991, 691, BB 1991, 888.

[291] *BFH*, Urteil v. 30.4.2003 - I R 102/01, BStBl II 2004, 804.

[292] So auch die Schlussfolgerung von *Ley*, DStR 2004, 1498, 1499.

lung" von Personengesellschaftsbeteiligen zu entnehmen, sondern nur die Feststellung, dass der bilanzmäßigen Behandlung keine eigenständige steuerrechtliche Wirkung zukommen darf - der Ansatz der Beteiligung in der Steuerbilanz des Gesellschafters muss für die Besteuerung irrelevant bleiben. So richtig deutlich werden die intendierten Auswirkungen der Auffassung des Bundesfinanzhofes für die Bilanzierung von Personengesellschaftsanteilen in der Steuerbilanz freilich nicht. Im Übrigen ist es der Bundesfinanzhof selbst, der ansonsten in ständiger Rechtsprechung betont, dass die Begriffe „Vermögensgegenstand" und „Wirtschaftsgut" inhaltlich übereinstimmen[293]. Zu Recht muss man ihm hier den Vorwurf machen, statt eines Beitrages zur Klärung der Kontroverse vielmehr deren Mitursache zu liefern - allerdings auch deswegen, weil seine Rechtsprechung in der Literatur häufig fehlinterpretiert wird[294].

Überprüft man diese Rechtsprechung anhand des Gesetzes, ist Folgendes festzustellen: Eine Beteiligung an einer Personengesellschaft erfüllt durchaus die an einen handelsrechtlichen Vermögensgegenstand sowie ein steuerliches Wirtschaftsgut zu stellenden Anforderungen[295]. Es handelt sich um ein Recht, das sowohl selbständig bewertbar als auch verkehrsfähig ist. Anteile an Personengesellschaften werden auch zivilrechtlich als selbständige Vermögensgegenstände behandelt[296]. Nach dem Maßgeblichkeitsprinzip des § 5 Abs. 1 EStG folgt aus der handelsrechtlichen Aktivierungspflicht des § 246 HGB auch ein Aktivierungsgebot in der Steuerbilanz. Eine abweichende steuerrechtliche Regelung im Sinne des § 5 Abs. 6 EStG fehlt. Das über § 5 Abs. 1 EStG auch im Steuerrecht maßgebliche Vollständigkeitsgebot des § 246 HGB gebietet eine Aktivierung sowohl in der Handels- als auch in der Steuerbilanz.

Dieser Ansatz ist im Gesamtzusammenhang des Gesetzes konsequent: Das Steuerrecht sieht in § 16 EStG derartige Anteile als Gegenstände der Veräußerung und somit auch des Erwerbs an. Ebenso erscheint es aus Gründen der Einheitlichkeit von Handels- und Steuerbilanzergebnis und im Hinblick auf die Gefahr der weiteren Durchlöcherung des Maßgeblichkeitsgrundsatzes erforderlich, Personengesellschaftsbeteiligungen auch steuerrechtlich als selbständige und

---

[293] *BFH*, Beschluss v. 07.08.2000 - GrS 2/99, BStBl II 2000, 632 mit zahlreichen Nachweisen aus der Rechtsprechung.

[294] So *Dietel*, DStR 2002, 2140.

[295] Siehe dazu *Bürkle/Knebel*, DStR 1998, 1067, 1068; *Dietel*, DStR 2002, 2140; *Hebeler*, BB 1998, 206; *HFA* 1/1991, Wpg 1991, 334; *Nieskens*, Wpg 1988, 493; *Reiß*, StuW 1986, 232, 253; *Schlagheck*, BBK Fach 14, 1375, 1379; *Wrede*, FR 1990, 293, 294; weitere Nachweise bei *Rätke* in Hermann/Heuer/Raupach, § 15 EStG, Anm. 646.

[296] Siehe schon *BGH*, Urteil v. 29.06.1981 - II ZR 142/80, BGHZ 81, 82, 84.

einheitliche Wirtschaftsgüter zu betrachten[297] und so dem Grundsatz zu entsprechen, dass das, was nach Handelsrecht zum Gesamthandsvermögen gehört, auch grundsätzlich Bestandteil der Steuerbilanz ist. Man erspart sich damit auch die von DIETEL[298] aufgeworfene Frage, auf welche Weise ein Beteiligungserwerb zu verbuchen wäre - etwa als Entnahme oder gar als Aufwand? Die erforderliche Gewinnneutralität des Anschaffungsvorgangs wird durch die Behandlung der Beteiligung als steuerliches Wirtschaftsgut gesichert[299].

Damit ist das Hauptargument der Auffassung, die auf einen Bilanzansatz gänzlich verzichtet, in jedem Fall erschüttert. Sie lässt sich weder mit der hier vertretenen Auslegung des Gesetzes, wonach die Wirtschaftsguteigenschaft von Personengesellschaftsbeteiligungen zu bejahen ist, noch mit der Rechtsprechung des Bundesfinanzhofes vereinbaren, der trotz Verneinung der Wirtschaftsguteigenschaft keinesfalls der Verzicht auf eine Bilanzierung der Beteiligung entnommen werden kann.

(2)   Gewerbesteuerliche Gesichtspunkte

Dem Ansatz der Beteiligung in der Steuerbilanz des Gesellschafters steht auch nicht die Rechtsfolge des § 15 Abs. 1 Satz 1 Nr. 2 EStG entgegen, aus der folgt, dass der Gewinnanteil als Anteil am Gewinn der Personengesellschaft aufgrund deren Steuerbilanz und nicht etwa aufgrund eigenständiger Bilanzierung sowie Bewertung der Beteiligung in einer Steuerbilanz des Gesellschafters zu ermitteln ist.

In diesem Zusammenhang ist nämlich folgender Gesichtspunkt zu beachten[300]: Folgte man der Ansicht, die eine Aktivierung der Unterbeteiligung ablehnt, so müsste konsequenterweise auch eine Erfassung der Beteiligungserträge in der Gewinn- und Verlustrechnung der Obergesellschaft unterbleiben[301]. Das Ergebnis der Unterbeteiligung, ausgewiesen im Feststellungsbescheid für die Untergesellschaft, könnte erst im Feststellungsbescheid für die Obergesellschaft hinzugerechnet werden. Dies stellt einen Widerspruch zu §§ 8 Nr. 8, 9 Nr. 2 GewStG dar. Diese Normen gehen ersichtlich davon aus, dass das Ergebnis aus der Unterbeteiligung in den Gewerbeertrag des Gesellschafters, sprich der O-

---

[297] *Dietel*, DStR 2002, 2140, 2143 f., der für diesen Fall der Durchbrechung der Maßgeblichkeit im Bereich des Ansatzes aktiver Wirtschaftsgüter von „einer Überschreitung der letzten Grenze" spricht.
[298] *Dietel*, DStR 2002, 2140, 2144.
[299] Berechnungsbeispiel bei *Schlagheck*, BBK Fach 14, 1375, 1380.
[300] Vgl. auch *Rätke* in Hermann/Heuer/Raupach, § 15 EStG, Anm. 646.
[301] Verdeutlichend das Berechnungsbeispiel bei *Dietel*, DStR 2002, 2140, 2143.

bergesellschaft, eingeht. Insofern muss eine erst außerhalb der Gewinn- und Verlustrechnung der Obergesellschaft erfolgende Hinzurechnung ausscheiden[302].

(3) Aktivierung als zutreffende Darstellung der Vermögensverhältnisse

Anzumerken ist im Hinblick auf einen Verzicht des Ansatzes der Unterbeteiligung auch Folgendes[303]: Die unterlassene Aktivierung (wie im Übrigen auch der Ausweis eines Merkpostens) würde insbesondere im Bereich von Holding-Gesellschaften - einer häufigen Erscheinung im Bereich doppelstöckiger Personengesellschaften - zu einer unzureichenden Darstellung der Vermögensverhältnisse führen. Deren Vermögen besteht im Wesentlichen nur aus Beteiligungen.

Im Rahmen des § 15a EStG führte eine Nichtbilanzierung zu einem niedrigeren Kapitalkonto und damit zu einem geringeren Verlustausgleichspotenzial als es vor dem Hintergrund der Zwecksetzung „Gleichlauf von Verlustausgleich und wirtschaftlicher Belastung" gerechtfertigt erscheint.

Als weiterer Leitgedanken für die Behandlung negativer Kapitalkonten im Rahmen doppelstöckiger Personengesellschaften lässt sich somit festhalten, dass ein Ansatz der Unterbeteiligung in der Steuerbilanz der Obergesellschaft zu erfolgen hat. Verbannt man die Beteiligung aus der Steuerbilanz, entstünde dort eine ungerechtfertigte Lücke. Unbeantwortet ist damit allerdings noch die Frage, nach welchen Grundsätzen sich die Bewertung richtet.

(4) Zur Bewertung nach der Anschaffungskostenmethode

Stellt man die Frage der Bewertung, lohnt auch hier zunächst ein Blick auf die bereits vertretenen Ansätze. Im Wesentlichen lassen sich wie beschrieben[304] Anschaffungskostenmethode und Spiegelbildmethode gegenüberstellen.

Knüpft man an den soeben favorisierten Gedanken des Gleichlaufes von Handels- und Steuerbilanzergebnis sowie der Bilanzierung von Anteilen an Kapi-

---

[302] Zu diesem Aspekt ferner Blümich/*Gosch*, § 9 GewStG, Rz. 131; *Knobbe-Keuk*, Bilanz- und Unternehmenssteuerrecht, 745 f.

[303] *Nickel/Bodden*, FR 2003, 391, 395; *Rätke* in Hermann/Heuer/Raupach, § 15 EStG, Anm. 646.

[304] Siehe oben Dritter Abschnitt, Gliederungspunkt III. 3. b. cc) (S. 79) und bb) (S. 77).

talgesellschaften auf der einen, Personengesellschaften auf der anderen Seite an, so erscheint auf den ersten Blick der Ansatz mit den Anschaffungskosten erstrebenswert. Ferner scheint die Anschaffungskostenmethode ein starkes Argument auf ihrer Seite zu haben: das Gesetz.

Die Beteiligung an einer Personengesellschaft ist wie ausgeführt ein Vermögensgegenstand im Sinne des § 240 HGB sowie ein Wirtschaftsgut im Sinne des § 6 EStG[305]. Gemäß §§ 240 Abs. 1 und 2 HGB, 253 Abs. 1 und 2 HGB richtet sich die Bewertung nach den Anschaffungskosten. Gemäß § 6 EStG ist das Anschaffungskostenprinzip grundsätzlich auch im Steuerrecht maßgeblich. Gerade vor dem Hintergrund der Wirtschaftsgutsqualität von Personengesellschaftsbeteiligungen erscheint es konsequent, hinsichtlich der Bewertung gemäß § 6 Abs. 1 Nr. 2 EStG vorzugehen.

Folgerichtig erscheint diese Vorgehensweise auch im Hinblick auf den Gedanken der Rechtsträgerschaft der Personengesellschaft und ihre (relative) Selbständigkeit gegenüber ihren Gesellschaftern - dies spricht ebenfalls für eine Gleichbehandlung von Kapital- und Personengesellschaften[306].

Auch das in § 252 Abs. 1 Nr. 4 2. Halbsatz HGB niedergelegte Realisationsprinzip hat die Anschaffungskostenmethode auf ihrer Seite. Die Veränderung des Bilanzansatzes durch Gewinne und Verluste setzt danach voraus, dass diese sich nach den Grundsätzen ordnungsgemäßer Buchführung im Beteiligungsansatz niedergeschlagen haben[307]. Anschaffungskosten einer Beteiligung setzen danach entweder Zahlungen des Gesellschafters an die Gesellschaft oder aber die Übertragung von Gegenständen aus dem Vermögen des Gesellschafters in das Vermögen der Personengesellschaft voraus - Vorgänge, die keine Verpflichtung begründen, dürften streng genommen keinen Einfluss auf die Beteiligungsbewertung ausüben[308]. Die bloße Zuschreibung von Gewinnanteilen auf dem Kapitalkonto des Gesellschafters stellt in diesem Sinne keine Anschaffungskosten dar. Vielmehr entspricht es dem Anschaffungskosten- und Realisa-

---

[305] Siehe soeben Dritter Abschnitt, Gliederungspunkt III. 3. d) aa) (1) (S. 91).

[306] *Döllerer*, Wpg 1977, 81, 84; *Knobbe-Keuk*, AG 1979, 293, 303; *Mellwig*, BB 1990, 1162, 1167.

[307] Siehe auch *BFH*, Urteil vom 23.07.1975 - I R 165/73, BStBl II 1976, 73; der dadurch „zwischen den Zeilen" wohl der Anschaffungskostenmethode den Vorzug gegenüber der Spiegelbildmethode gibt; in diesem Sinne auch *Döllerer*, Wpg 1977, 81, 84; *Nieskens*, Wpg 1988, 493, 499.

[308] *Breuer*, Beteiligungen an Personengesellschaften in der Handelsbilanz, 90; *Bürkle/Knebel*, DStR 1998, 1067, 1069.

tionsprinzip, dass derartige Werterhöhungen in der Bilanz gerade unberücksichtigt bleiben.

Kurz gesagt: Die Anschaffungskostenmethode ist dogmatisch folgerichtig. Indes, sie hilft im Rahmen des § 15a EStG nicht weiter. Wird die Beteiligung mit den historischen Anschaffungskosten bilanziert, so führt dies in aller Regel zu einem überhöhten Verlustausgleichspotenzial auf Ebene der Obergesellschaft, da Mehraufwendungen für den Erwerb der Unterbeteiligung nicht in einer fortzuschreibenden Ergänzungsbilanz aktiviert werden und eine Abschreibung der Anschaffungskosten so unterbleibt[309]. Dies als Folge der gesetzlichen Regelung hinzunehmen, wäre zwar denkbar, vor dem Hintergrund der insofern konträren Zwecksetzung des § 15a EStG „Gleichlauf von Verlustausgleich und wirtschaftlicher Belastung" allerdings wenig zufrieden stellend.

Das große Problem bei der Behandlung negativer Kapitalkonten im Rahmen doppelstöckiger Personengesellschaften ist eben, dass diese Frage allein mit dogmatischen Überlegungen kaum lösbar erscheint.

(5)   Zur Bewertung nach der Spiegelbildmethode

Betrachtet man demgegenüber die Spiegelbildmethode, so steht diese demnach in dogmatischem Rechtfertigungsdruck.

Problematisch erscheint die Vereinbarkeit mit dem gemäß § 5 Abs. 1 EStG auch im Steuerrecht maßgeblichen Realisationsprinzip des § 252 Abs. 1 Nr. 4 2. Halbsatz HGB.

Ein Gewinnanteil ist erst dann als Forderung bilanzierungspflichtig, sobald der Gesellschafter einen entsprechenden Anspruch auf Gewinnauszahlung erlangt hat, über den er individuell und losgelöst von seinem Gesellschaftsanteil verfügen kann. Dementsprechend hat sich die Spiegelbildmethode handelsrechtlich auch nicht durchgesetzt, denn erst mit Entstehung des Gewinnauszahlungsanspruches durch den rechtsbegründenden Akt der Bilanzfeststellung erlangt der Gesellschafter den rechtlichen sowie wirtschaftlichen Zugriff auf den Gewinnanteil und hat ihn demgemäß auch erst ab diesem Zeitpunkt in seiner Bilanz

---

[309] Siehe Dritter Abschnitt, Gliederungspunkt III. 3. c) bb) (S. 84); ferner *Rätke* in Hermann/Heuer/Raupach, § 15 EStG, Anm. 679.

auszuweisen[310] - die Vorverlegung des Realisations- und damit des Bilanzie-
rungszeitpunktes, wie ihn die Spiegelbildmethode impliziert, lässt sich dem Gesetz nicht entnehmen.

Bedenken werden ferner erhoben[311], soweit sich aus einer bloßen Entnahmebefugnis entsprechend § 122 HGB Forderungen ergeben sollen, denn insbesondere in der Insolvenz werde deutlich, dass zwischen Entnahmebefugnis und Forderung erhebliche Unterschiede bestehen. Ungeachtet der Berechtigung dieses
Einwandes, ist im Zusammenhang mit der vorliegenden Untersuchung darauf
hinzuweisen, dass dies beim Kommanditisten gerade umgekehrt ist[312]: Im Falle
einer vollständig geleisteten, nicht durch Verluste geminderten Einlage, steht
diesem ausweislich der (dispositiven) gesetzlichen Regelung der §§ 167, 169
HGB ein gesamthänderisch nicht gebundener Gewinnauszahlungsanspruch als
Forderung gegen die Gesellschaft zu.

Was die anzustrebende Gleichbehandlung von Personengesellschaftsbeteiligung
und Kapitalgesellschaftsbeteiligung angeht, wird zum Teil von der „Gefangen-
schaft in einer Ideologie" gesprochen[313]. So einfach von der Hand weisen lässt
sich die unter dem Gesichtspunkt von Rechtsklarheit und -sicherheit durchaus
erstrebenswerte Vereinfachung der Bilanzierung durch Vereinheitlichung statt
Differenzierung nach Art des Wirtschaftsgutes freilich nicht. Allerdings kann
man dieses Gleichbehandlungsargument immerhin erschüttern. Soweit es nämlich auf dem Gedanken der Rechtsträgerschaft der Personengesellschaft fußt, ist
einzuwenden, dass dieser Gedanke zum Zwecke der Beschreibung des Rechts-
verhältnisses zu Gesellschaftern und Dritten, nicht aber für Bilanzierungsfragen
entwickelt wurde[314]. Bereits FLUME[315] hat darauf hingewiesen, dass die Trennung der Vermögenssphären zwischen Gesellschaft und Gesellschaftern im Falle einer Personengesellschaft nicht so weit ginge wie im Falle einer Kapitalgesellschaft. Die durchaus unterschiedliche rechtliche Ausgestaltung beider Ge-
sellschaftsformen sowie Besonderheiten des Steuer- und Bilanzrechts gehen

---

[310] Dazu *BFH*, Urteil vom 23.07.1975 - I R 165/73, BStBl II 1976, 73; *HFA* 1/1991, 334;
Knobbe-Keuk, AG 1979, 293, 304; *Nieskens*, Wpg 1988, 493, 499 ff.; *Schön*, StuW 1988,
253, 254; anders noch *HFA* 3/1976, Wpg 1976, 591, 593, in der davon ausgegangen wurde,
der Gewinnanspruch des Gesellschafters sei bereits mit der Erzielung des Gewinnes durch die
Gesellschaft realisiert.

[311] *Reiß*, DStR 1998, 1887, 1888.

[312] Darauf weist *Reiß*, DStR 1998, 1887, 1888 selbst hin; siehe auch *Schlagheck*, BBK Fach
14, 1375, 1378; *Sieker*, ZIP 1990, 1455, 1457.

[313] *Reiß* in Herzig, Europäisierung des Bilanzrechts, 1997, 121.

[314] *Hebeler*, BB 1998, 206, 207 weist zudem auf eine ähnliche Diskussion in Zusammenhang
mit der Registerpublizität hin.

[315] Allgemeiner Teil des Bürgerlichen Rechts, Bd. 1, 105.

dem Gedanken der Rechtsträgerschaft insofern im vorliegenden Zusammenhang vor.

Die größten Vorbehalte gegenüber der Spiegelbildmethode gründen auf dem Umstand, dass das Anschaffungskostenprinzip in § 6 EStG ebenso wie in §§ 240, 253 HGB gesetzlich verankert ist.

Befreiung von den Zwängen des Anschaffungskosten- wie auch des Realisationsprinzips wird zum Teil in den §§ 120 Abs. 2, 167 Abs. 2 HGB gesucht[316]. Analog § 15 Abs. 1 Satz 1 Nr. 2 EStG schreibt § 120 Abs. 2 HGB einen Gewinnanteil unmittelbar dem Kapitalanteil des Gesellschafters zu - dementsprechend müsse er auch eine Erhöhung des Beteiligungsansatzes in der Bilanz des Gesellschafters bedingen. Vollständig überzeugen vermag dieser Versuch einer gesetzlichen Verankerung der Spiegelbildmethode freilich nicht. § 120 HGB ist keine Bestimmung des Bilanzrechts, regelt vielmehr das Innenverhältnis der Gesellschafter untereinander. Eine Durchbrechung der §§ 253, 255 HGB wie auch des § 6 EStG kann in § 120 HGB mithin nicht gesehen werden[317]. Eine solche Durchbrechung findet sich lediglich in § 312 HGB, der durch Art. 59 der 4. Richtlinie[318] ermöglichten Verankerung einer Bewertung „at equity" für den Bereich der Konzernrechnungslegung[319].

Als gesetzliche Verankerung der Durchbrechung der Maßgeblichkeit der Handels- für die Steuerbilanz werden zum Teil daneben die §§ 180, 182 AO angesehen[320]. Eine Verknüpfung zwischen Steuerbilanz und gesonderter Feststellung sei dem Einkommensteuergesetz nicht fremd, wie etwa § 55 Abs. 5 EStG zeige[321]. Allerdings stellen auch die verfahrensrechtlichen Vorschriften über die einheitliche und gesonderte Feststellung keine Bilanzierungsvorschriften dar[322].

Anführen lässt sich zudem der steuerrechtliche Bewertungsvorbehalt des § 5 Abs. 6 EStG[323]. Allerdings wirft auch die Anwendung der steuerrechtlichen

---

[316] So insbesondere die Argumentation von *Hebeler*, BB 1998, 206, 207.

[317] *Bürkle/Knebel*, DStR 1998, 1067, 1068.

[318] Vierte Richtlinie des Rates vom 25.07.1978 (78/660/EWG), ABl. L 222 vom 14.08.1978, S. 11.

[319] *Bürkle/Knebel*, DStR 1998, 1067, 1069; *Groh*, StuW 1995, 383, 385.

[320] *Henning*, DB 1985, 886, 888.

[321] *Groh*, StuW 1995, 383, 385.

[322] Darauf weisen auch *Hebeler*, BB 1998, 206, 208 sowie *Reiß*, StuW 1986, 232, 253 und *Schlagheck*, BBK Fach 14, 1375, 1379 hin.

[323] *Rätke* in Hermann/Heuer/Raupach, § 15 EStG, Anm. 646; *Reiß* in Kirchhof/Söhn/Mellinghoff, EStG, § 15 Rdnr. C 41.

Bewertungsvorschriften durchaus Bedenken auf. Die Vorgehensweise nach der Spiegelbildmethode könnte nämlich dazu führen, dass der Beteiligungsansatz entgegen § 6 Abs. 1 Nr. 2 EStG unabhängig vom Teilwert unter die Anschaffungskosten sinkt[324].

All diese Überlegungen stützen mithin die Anschaffungskosten- gegenüber der Spiegelbildmethode. Ein Aspekt wird im Rahmen dieser Überlegungen dogmatischer Natur jedoch nicht hinreichend berücksichtigt: die Bedeutung des § 15a EStG.

(6) Zur Durchbrechung des Anschaffungskostenprinzips

Eine Durchbrechung des Anschaffungskostenprinzips lässt sich mit folgenden Überlegungen rechtfertigen: Bewertungsfragen sind zunächst einmal Rechtsfragen[325]. Insofern soll hier nicht die in Bewertungsfragen grundsätzlich bestehende Gesetzesbindung geleugnet werden. Vielmehr gilt es zu verdeutlichen, dass die Bewertung ebenso abhängig von den mit ihr verfolgten Zwecken ist[326].

Zweck des in § 6 EStG normierten Anschaffungskostenprinzips ist die Gewährleistung gleichmäßig geltender Bewertungsmaßstäbe für die Bilanzansätze und damit der Gleichmäßigkeit der Besteuerung[327]. Die Bewertung nach § 6 EStG dient mittelbar einer möglichst zutreffenden Gewinnermittlung für das jeweilige Geschäftsjahr[328]. Vorrangig dieser Zusammenhang zwischen Bewertung und Ermittlung der steuerlichen Bemessungsgrundlage bedingt die Gesetzesbindung im Bereich steuerrechtlicher Bewertung[329].

Aktivierung und Bewertung der Personengesellschaftsbeteiligung sind demgegenüber für die steuerliche Gewinnermittlung und damit für die Gleichmäßigkeit der Besteuerung - soweit sie mit der Gewinnermittlung in Zusammenhang steht - ohne Relevanz[330]. Die Wertentwicklung eines entsprechenden Postens „Beteiligung an der Personengesellschaft" darf für die steuerliche Gewinner-

---

[324] *Bürkle/Knebel*, DStR 1998, 1067, 1069.

[325] Hierzu insbesondere *Meincke* in Raupach, Werte und Wertermittlung im Steuerrecht, DStjG 7 (1984), 7, 12 ff.

[326] Siehe *Busse von Colbe* in Raupach, Werte und Wertermittlung im Steuerrecht, DStjG 7 (1984), 39, 40f.; *Pezzer* in Doralt, Probleme des Steuerbilanzrechts, DStjG 14 (1991), 3, 17.

[327] *Stobbe* in Hermann/Heuer/Raupach, § 6 EStG, Anm. 3; *Werndl* in Kirchhof/Söhn/Mellinghoff, EStG, § 6 Rdnr. A 4, 9.

[328] *BFH*, Urteil v. 25.9.1968 - I 52/64, BStBl II 1969, 18, 19.

[329] Hierzu auch *Stobbe* in Hermann/Heuer/Raupach, § 6 EStG, Anm. 70a.

[330] Dritter Abschnitt, Gliederungspunkt III. 3. a) (S. 75).

mittlung des Gesellschafters keine eigenständige Bedeutung entfalten. Das Ergebnis aus der Beteiligung wird durch einheitliche und gesonderte Feststellung ermittelt und dem Gesellschafter zugerechnet. Die § 6 EStG zugrunde liegenden Gedanken sind für den Ansatz von Personengesellschaftsbeteiligungen somit nicht einschlägig.

Die steuerliche Relevanz liegt vielmehr in der Ermittlung des für § 15a EStG bedeutsamen Kapitalkontos und damit des zutreffenden Verlustausgleichspotenzials. An dieser Leitlinie hat sich im Rahmen der Steuerbilanz die Bewertung auszurichten und nicht an einer Maßgeblichkeit der Handelsbilanz. Die Steuerbilanz hat in erster Linie steuerlichen Zwecken zu genügen. Sofern es zu diesen Zwecken ausreicht, mag sie sich in „Zusätzen und Anmerkungen zur Handelsbilanz" erschöpfen (§ 60 Abs. 2 EStDV) - sofern dies nicht der Fall sein sollte, ist unter Umständen eben auch eine weitergehende Abkehr von der Handelsbilanz geboten, bis hin zur nicht wünschenswerten, allerdings ohnehin immer weiter fortschreitenden Durchbrechung der Maßgeblichkeit.

Steuer- und Handelsbilanz sind nicht um jeden Preis zu harmonisieren. Man denke nur an den Beschluss des Großen Senats zur Bedeutung der handelsrechtlichen Aktivierungs- und Passivierungswahlrechte[331]. Die Harmonisierung gilt schon ausweislich der Gesetzesbegründung zum EStG 1934[332] nur, „soweit mit fiskalischen Belangen vereinbar". Der Anknüpfung lag schlicht der Vereinfachungsgedanke zugrunde: Den Gewerbetreibenden sollte der Aufwand einer eigenständigen Steuerbilanz möglichst erspart werden[333].

Was die Ermittlung des zutreffenden Verlustausgleichspotenzials angeht, so hilft die Spiegelbildmethode gegenüber der Anschaffungskostenmethode deutlich weiter. Nur im Rahmen der Spiegelbildmethode finden beispielsweise Ergänzungsbilanzen Berücksichtigung, während im Rahmen der Anschaffungskostenmethode der beim Erwerb der Beteiligung gezahlte Mehrwert tendenziell nie abgeschrieben würde: Die Kapitalkonten und das Verlustausgleichspotenzial fielen demgemäß zu hoch aus[334].

Teleologische Aspekte legen mithin für den Ansatz von Personengesellschaftsbeteiligungen eine Ausnahme vom Anschaffungskostenprinzip nahe.

---

[331] *BFH*, Beschluss vom 3.2.1969 - GrS 2/68, BStBl II 1969, 291, 293.

[332] RStBl. 1935, 33, 38.

[333] *Pezzer* in Doralt, Probleme des Steuerbilanzrechts, DStjG 14 (1991), 3, 18.

[334] *Rätke* in Hermann/Heuer/Raupach, § 15 EStG, Anm. 646; Berechnungsbeispiel bei *Dietel*, DStR 2002, 2140, 2142; siehe ferner *Ley*, KÖSDI 1996, 10923, 10925 und 10933.

Auch das Anschaffungskostenprinzip an sich bedingt keine entsprechende Bewertung von Personengesellschaftsbeteiligungen in der Steuerbilanz. Es hat seinen Ursprung in den handelsrechtlichen Grundsätzen ordnungsgemäßer Buchführung, insbesondere im Realisationsprinzip[335]. Dies bedeutet, dass der Anschaffungsvorgang eine erfolgsneutrale Vermögensumschichtung darstellen muss, der eine Gewinnrealisierung ausschließt. Dieses das Anschaffungskostenprinzip tragende „Erfolgsneutralitätsprinzip"[336] wird durch eine steuerbilanzielle Bewertung der Personengesellschaftsbeteiligung nach der Spiegelbildmethode nicht tangiert, da Ansatz und Bewertung der Beteiligungen ohnehin erfolgsneutral zu handhaben sind.

Untermauern lassen sich diese Ausführungen zusätzlich mit dem durchaus bestehenden Zusammenhang zwischen § 15a EStG und den steuerlichen Gewinnermittlungsvorschriften. Letztere dienen der Messung der steuerlichen Leistungsfähigkeit. Auch eine Veränderung des steuerbilanziellen Kapitalkontos ist als Ausdruck einer veränderten steuerlichen Leistungsfähigkeit zu werten[337]. Würde man hier die Handelsbilanz für maßgeblich halten, stellte das handelsbilanzielle Kapitalkonto die Grenze für ein Sinken der steuerlichen Leistungsfähigkeit dar, ohne dass die steuerlichen Gewinnermittlungsvorschriften Beachtung fänden - da dies nicht sein kann, steht einer Maßgeblichkeit der Handelsbilanz mithin zusätzlich der Zusammenhang von § 15a EStG und den steuerlichen Gewinnermittlungsvorschriften entgegen.

Stützen lässt sich dieser zentrale Gesichtspunkt auch durch einen Blick auf das Imparitätsprinzip, denn auch dieses setzt die Spiegelbildmethode angesichts der automatischen Minderung des Beteiligungsansatzes im Falle von Verlustanteilen aus der Personengesellschaft besser um, als dies bei der Anschaffungskostenmethode der Fall ist. Zum Teil wird vertreten[338], die Anschaffungskostenmethode stelle das Imparitätsprinzip gar auf den Kopf, denn eine Abschreibung sei hier jedenfalls auf die Höhe des Beteiligungsbuchwertes, sprich auf Null begrenzt. Darüber hinaus gehende Verluste wirkten sich erst aus, sofern später wieder Gewinne aufträten - eine inkonsequente und nicht am Vorsichtsprinzip orientierte Vorgehensweise, die nicht von der sachlich zutreffenden, sondern von der Hoffnung auf eine verbesserte Ertragslage in der Zukunft geprägt sei. Die Inkonsequenz bestehe darin, dass der Gesellschafter im Falle einer Gewinn-

---

[335] *Stobbe* in Hermann/Heuer/Raupach, § 6 EStG, Anm. 269; *Werndl* in Kirchhof/Söhn/Mellinghoff, EStG, § 6 Rdnr. A 5.

[336] *Werndl* in Kirchhof/Söhn/Mellinghoff, EStG, § 6 Rdnr. A 78.

[337] Zu diesem Zusammenhang: *von Beckenrath* in Kirchhof/Söhn/Mellinghoff, EStG, § 15a Rdnr. B 109; *Kröner*, Verrechnungsbeschränkte Verluste, 278.

[338] *Hebeler*, BB 1998, 206, 208 f.; *Sieker*, ZIP 1990, 1455, 1460.

situation zwar tendenziell reicher, im Falle einer Verlustsituation durch die bloße Möglichkeit einer außerplanmäßigen Abschreibung jedoch nicht auch tendenziell ärmer gerechnet würde. Dieser Vorwurf schießt nach der vorliegend vertretenen Auffassung allerdings über das Ziel hinaus. Eine Abschreibung kann zu Recht unterbleiben, sofern stille Reserven eine solche nicht erfordern. Dies steht nicht in völligem Widerspruch zum Vorsichtsprinzip, auch wenn die automatische Minderung des Beteiligungsansatzes sicherlich als „noch vorsichtiger" bezeichnet werden kann.

Als letzter Gesichtspunkt ist noch das Prinzip des *„true and fair view "* zu betrachten. Im Rahmen der Spiegelbildmethode wird diesem Gesichtspunkt durch den sichtbaren Niederschlag von Gewinn- und Verlustanteilen im Beteiligungsausweis jedenfalls besser Rechnung getragen[339], auch wenn die Anschaffungskostenmethode erneut die Dogmatik auf ihrer Seite hat: Bekanntlich schätzt der Gesetzgeber für den Einzelabschluss das Anschaffungskostenprinzip höher ein, als den Grundsatz des *„true and fair view"*[340].

Rechtsmethodisch lässt sich die aufgezeigte Problematik über eine einschränkende Auslegung des § 6 Abs. 1 Nr. 2 Satz 1 EStG lösen. Der Wortlaut spricht zwar von „Beteiligungen". Der Beteiligtenbegriff ist in § 6 EStG jedoch nicht näher definiert. Darunter sind vor dem Hintergrund der hier getroffenen Feststellungen nur Beteiligungen an Kapitalgesellschaften zu verstehen. Personengesellschaftsbeteiligungen fallen nach hiesigem Verständnis nicht darunter. Eine § 271 HGB entsprechende Auslegung des Beteiligtenbegriffes muss im Rahmen des § 6 EStG ausscheiden[341].

Nach den bisherigen Ausführungen scheint sich also unter den bestehenden Ansätzen die Spiegelbildmethode als die zutreffende Lösung der Frage des Ansatzes der Unterbeteiligung in der Bilanz der Obergesellschaft zu präsentieren. In einem nächsten Schritt soll nunmehr ein Blick auf ihre Modifikationen geworfen werden.

(7)   Zur Bewertung nach der modifizierten Spiegelbildmethode

Was die modifizierte Spiegelbildmethode - d.h. die anteilige Bilanzierung der Wirtschaftsgüter - angeht, so beruht diese Vorstellung vor allem auf der Ablehnung der Wirtschaftsguteigenschaft einer Personengesellschaftsbeteiligung.

---

[339] *Hebeler*, BB 1998, 206, 210.
[340] Siehe *Hoffmann*, BB-Beilage 2/1988, 19 m.w.N.; *Nieskens*, Wpg 1988, 493, 502.
[341] So aber *Richter* in Hermann/Heuer/Raupach, § 6 EStG, Anm. 790.

Nur deshalb wird die Bilanzierung ideeller Anteile an Wirtschaftsgütern nötig. Genau diese Interpretation der Rechtsprechung entspricht jedoch nicht der hier vertretenen Auffassung[342]. Stützen ließe sich diese Auffassung daher allenfalls noch mit dem Argument, dass die herrschende Auffassung den Kauf eines Personengesellschaftsanteils als Kauf von Anteilen an den einzelnen zum Gesellschaftsvermögen gehörenden Wirtschaftsgütern qualifiziert[343].

Dennoch kann dieser Modifikation keinesfalls der Vorzug gegenüber der genuinen Spiegelbildmethode gegeben werden. Zum einen ist sie vor dem Hintergrund des erheblichen Mehraufwandes als nachteilig einzustufen. Zum anderen erfüllt sie die Anforderungen des § 15a EStG, an denen sich die Bewertung in erster Linie zu orientieren hat, nicht so gut wie ihre Vorläuferin. So ist nach der modifizierten Spiegelbildmethode ein Ansatz des Anteils mit einem negativen steuerlichen Kapital nur bei Bestehen einer zu passivierenden Ausgleichsverpflichtung/Nachschusspflicht zulässig[344], die bei Kommanditisten, die ihre Einlage geleistet haben, grundsätzlich nicht besteht. Der darüber hinausgehende Negativbetrag ist als „besonderer steuerlicher Ausgleichsposten" zu bilanzieren. Auf eine derartige Verkomplizierung kann die genuine Spiegelbildmethode verzichten. Sie ist insgesamt leichter zu handhaben und kommt dennoch zu denselben Ergebnissen wie ihre Modifikation.

Die Bilanzierung der anteiligen Vermögensgegenstände und Schulden der Gesellschaft stellte ferner einen unzutreffenden Vermögensausweis dar[345]. In die Bilanz des Kaufmanns gehören allein seine Vermögensgegenstände. Für die Handelsbilanz lässt sich das aus dem Gläubigerschutzgedanken ableiten, denn die dort ausgewiesenen Vermögensgegenstände unterliegen deren Zugriff. Dies gilt für Gegenstände, die der Gesamthand und nicht dem Gesellschafter gehören, nicht. Dem Zugriff der Gläubiger des Gesellschafters unterliegt allein die Mitgliedschaft selbst. Insofern sollten nur Beteiligungen und nicht anteilige Wirtschaftsgüter in der Bilanz des Gesellschafters auftauchen.

Auch die von LEY[346] vorgeschlagene pragmatische Vorgehensweise, als Erleichterung grundsätzlich den handelsrechtlichen Ansatz der Beteiligung in die Steuerbilanz zu übernehmen, sofern es auf einen zutreffenden Ausweis des Be-

---

[342] Siehe Dritter Abschnitt, Gliederungspunkt III. 3. d) aa) (1) (S. 91).

[343] Dazu *BFH*, Urteil vom 12.12.1996 - IV R 77/93, BStBl II 1998, 180; auch *Ley*, KÖSDI 2001, 12982; *Stegemann*, INF 2003, 266.

[344] Siehe Dritter Abschnitt, Gliederungspunkt III. 3. b) dd) (S. 80).

[345] *Reiß*, StuW 1986, 232, 252.

[346] Siehe KÖSDI 1996, 10923, 10926; Dritter Abschnitt, Gliederungspunkt III. 3. b) dd) (S. 80).

triebsvermögens nicht ankomme, hilft vorliegend nicht weiter: Im Falle negativer Kapitalkonten kommt es nämlich gerade auf den zutreffenden Vermögensausweis an.

(8)   Zur Bewertung nach der Spiegelbildmethode unter Ansatz außerbilanzieller Merkposten

Es bleibt für die Betrachtung der bestehenden Lösungsansätze abschließend die Frage zu klären, wie es sich mit dem die Spiegelbildmethode ergänzenden außerbilanziellen Korrekturposten verhält.

Wie bereits dargestellt[347], kann die reine Spiegelbildmethode ohne einen solchen die Kumulation von Verlustausgleichsbeschränkungen nicht verhindern. Eine Korrektur tut demnach für Zwecke des § 15a EStG durchaus Not.

Kritisieren lässt sich allerdings der (zum Teil) beträchtliche Rechenaufwand für außerbilanzielle Korrekturen sowie das Fehlen einer gesetzlichen Grundlage für die Bildung des Merkpostens, der zudem nicht einmal im Feststellungsbescheid gemäß § 15 Abs. 4 Satz 1 EStG ausgewiesen wird[348]. In der Tat erscheint es zumindest wünschenswert, dem Steuerrecht im Interesse der Bilanzklarheit und -übersichtlichkeit ein außerbilanzielles Rechenwerk zu ersparen. Außerbilanzielle Korrekturposten zeichnen sich zudem durch den nicht von der Hand zu weisenden Nachteil aus, dass sie leicht vergessen werden[349]. Die genuine Spiegelbildmethode, ergänzt um einen außerbilanziellen Korrekturposten, in dem die Entwicklung des verrechenbaren Verlustes aus der Untergesellschaft abgebildet wird, führt zwar für Zwecke des § 15a EStG zu zutreffenden Ergebnissen; es erscheint jedoch unbefriedigend, dass auch diese Methode letztlich nicht ohne außerbilanzielle Korrekturen auskommt. Zutreffende Ergebnisse unter Vornahme außerbilanzieller Korrekturen ließen sich auch mit den anderen hier vorgestellten Lösungsansätzen erreichen, denn wie REIß zutreffend bemerkt, „lässt sich mit einer außerbilanziellen Zu- oder Abrechnung jedes gewünschte Ergebnis darstellen"[350].

---

[347] Siehe Dritter Abschnitt, Gliederungspunkt III. 3. b) ee) (S. 81).
[348] *Rätke* in Hermann/Heuer/Raupach, § 15a EStG, Anm. 679.
[349] *Reiß*, Stbg 1999, 417, 419.
[350] *Reiß*, StuW 1986, 232, 254.

bb) Weiterentwicklung der Spiegelbildmethode als Lösung

Greift man den soeben aufgeworfenen Gedankengang auf, dass einerseits ein Korrekturposten für Zwecke des § 15a EStG erforderlich ist, andererseits Neben- und Hilfsrechnungen außerhalb der Bilanz nicht wünschenswert erscheinen, stellt sich die Frage, ob die Lösung nicht in Form eines „innerbilanziellen Korrekturpostens" gefunden werden kann. Die Bilanzierung als akzeptiertes und gesetzlich vorgesehenes Rechenwerk zur Erfassung von Geschäftsvorfällen sollte eigentlich entsprechende Möglichkeiten bieten.

Betrachtet werden soll erneut das oben bereits angesprochene *Beispiel*[351], in dem die Kumulation von Verlustausgleichsbeschränkungen angelegt ist.

Kommanditist (Obergesellschafter)
⇓

KG (Obergesellschaft)
⇓

KG (Untergesellschaft)

Es bestehen jeweils hundertprozentige Kommanditbeteiligungen.

Im Jahr 01 ergeben sich nachstehende Kapitalkontenentwicklungen:

Ebene Untergesellschaft:

Kapital der Obergesellschaft am 1.1.01	*+400*
Verlustanteil 01	*./.500*
Kapital der Obergesellschaft am 31.12.01	*./.100*

Ebene Obergesellschaft:

Kapital des Kommanditisten am 1.1.01	*+1.100*
Verlust 01 aus Betrieb der Obergesellschaft	*./.650*
Verlustanteil aus der Untergesellschaft	*./.500*
(davon 100 nur verrechenbar)	
Kapital des Kommanditisten am 31.12.01	*./.50*

---

[351] Dritter Abschnitt, Gliederungspunkt III. 3. b) ee) (S. 81).

Nach der hier vertretenen Spiegelbildmethode ergibt sich folgendes Bild der Steuerbilanzen[352]:

Untergesellschaft 01.01.

Aktiva	400	Kapitalkonto OG	400
	__400__		__400__

Obergesellschaft 01.01.

Anteil UG	400	Kapitalkonto OGf-ter	1.100
Sonstige Aktiva	700		
	__1.100__		__1.100__

Untergesellschaft 31.12.

Aktiva	400	Verbindlichkeiten	500
Kapitalkonto OG	100		
	__500__		__500__

Bei der Obergesellschaft wirkt sich das wie folgt aus:

Obergesellschaft 31.12.

Aktiva	700	Anteil UG	100
Kapitalkonto OGf-ter	50	Verbindlichkeiten	650
	__750__		__750__

---

[352] Der Einfachheit halber wird davon ausgegangen, dass durch den Betriebsverlust die Verbindlichkeiten erhöht werden.

Das für § 15a EStG maßgebliche Kapitalkonto des Obergesellschafters müsste jedoch +50 betragen, da sich der verrechenbare Verlustanteil aus der Untergesellschaft in Höhe von 100 sonst zweifach auswirken würde.

Erreichen ließe sich dies durch folgende „innerbilanziellen Merkposten", in denen die verrechenbaren Verluste aus der Untergesellschaft festgehalten werden:

Obergesellschaft 31.12.

Aktiva	700	Anteil UG	100
Kapitalkonto OGter	50	*Merkposten v. Verl. UG*	*100*
Erhöhung für Zwecke 15a	*100*	Verbindlichkeiten	650
	__850__		__850__

Auf diese Weise lässt sich das für § 15a EStG maßgebliche Kapitalkonto durch einen Blick und eine einfache Addition aus der Steuerbilanz ersehen. Um eine Addition kommt man im Hinblick auf einzubeziehendes Ergänzungskapital ohnehin nicht herum. Der Hauptnachteil dürfte sein, dass sich für derartige Ausgleichsposten keine klare Rechtsgrundlage findet. So weißt etwa REIß[353] in anderem Zusammenhang darauf hin, dass auf der Aktivseite der Steuerbilanz Wirtschaftsgüter und Rechnungsabgrenzungsposten, jedoch keine sonstigen Ausgleichsposten auszuweisen seien.

Dieses Argument lässt sich zugegebenermaßen auch gegen die hier vorgestellten Merkposten ins Feld führen. Es wiegt allerdings weniger schwer, sofern man sich zwei Umstände vor Augen hält:

Erstens fehlt eine Rechtsgrundlage auch für die bislang praktizierte außerbilanzielle Zurechnung.

Zweitens ist der Inhalt der Steuerbilanz gesetzlich nicht umfassend geregelt[354]. Sie baut auf der Handelsbilanz auf, stimmt jedoch nicht zwingend mit ihr überein. Korrekturposten im hier vorgeschlagenen Sinne lassen sich durchaus als

---

[353] *Reiß* in Kirchhof/Söhn/Mellinghoff, EStG, § 16 Rdnr. C 41.
[354] Darauf weist *Wrede*, FR 1990, 293, 301 hin.

„Zusätze" für steuerliche Zwecke im Sinne des § 60 Abs. 2 EStDV interpretieren. Der hier vorgeschlagene Lösungsweg ist daher rechtlich zulässig.

Betrachtet man das Beispiel des Rechnungsabgrenzungspostens, stellt man fest, dass diesem mangels Einzelverkehrsfähigkeit die Wirtschaftsguteigenschaft fehlen kann. Die Auffassung, Rechnungsabgrenzungsposten dürften nur gebildet werden, sofern sie zugleich die Kriterien eines positiven oder negativen Wirtschaftsgutes erfüllen, ist größtenteils aufgegeben worden[355]. § 5 Abs. 5 EStG lässt den Ansatz in der Steuerbilanz dennoch zu. Es handelt sich im Falle fehlender Wirtschaftsguteigenschaft um reine Korrekturposten[356]. Dies verdeutlicht, dass sich neben Wirtschaftsgütern auch Merkposten in der Steuerbilanz finden können.

Die Praxis akzeptiert einen Merkposten ferner in Zusammenhang mit der Organschaft mit Ergebnisabführungsvertrag: Der Organträger bildet hier zur Verhinderung einer Doppelbesteuerung einen aktiven Ausgleichsposten, sofern die Organgesellschaft Teile ihres Gewinnes zulässigerweise einer Rücklage zuführt[357]. Einen Merkposten mit „unklarem rechtlichen Charakter"[358] stellt auch „der Sonderposten aus der Abfindung ausscheidender Gesellschafter" dar, der als Korrekturposten zum verbleibenden Eigenkapital gebildet wird, sofern durch Entnahmen eines ausscheidenden Gesellschafters trotz Verrechnung mit dem anteiligen Nominalkapital ein negatives Kapitalkonto zurückbleibt.

Die Hauptfunktion der Steuerbilanz als Gewinnermittlungsinstrument oder „Speicher"[359] von Einnahmen und Ausgaben bis zu deren Umwandlung in Aufwand und Ertrag wird durch die vorgeschlagenen Korrekturposten nicht beeinträchtigt. Das Ergebnis des auf Aktiva (materielle und immaterielle Wirtschaftsgüter) sowie Passiva (Schulden) bezogenen Vermögensvergleichs bleibt unbeeinflusst. Die dadurch bedinge Erhöhung der Bilanzsumme in der Steuerbilanz kann hingenommen werden. Die Bilanzsumme stellt ein Betriebsgrößenmerkmal dar, so dass die vorgeschlagenen Merkposten theoretisch einen Grö-

---

[355] Siehe dazu schon *Federmann*, SteuerStud 1985, 131, 134; ferner seinen umfassenden Überblick mit zahlreichen Nachweisen in Hermann/Heuer/Raupach, § 5 EStG, Anm. 1929.

[356] *Streim* in Chmielewicz/Schweitzer, Handwörterbuch des Rechnungswesens, 3. Auflage 1993, 1681, 1683.

[357] dazu R 63 Abs. 1 Satz 3 KStR 2004; zusammenfassender Überblick bei *Kußmaul/Richter*, DStR 1999, 1717, 1719 f.

[358] *Herrmann*, Wpg 1994, 500, 511.

[359] *Knobbe-Keuk*, Bilanz- und Unternehmensteuerrecht, 14.

ßenklassensprung bedingen können[360]. Damit kann etwa die Erhöhung der Wahrscheinlichkeit von Betriebsprüfungen verknüpft sein. Auch die Berater-vergütung wird hiervon beeinflusst, da der Gegenstandswert im Sinne des § 10 Steuerberatergebührenverordnung bei Aufstellung einer Bilanz von der Bilanz-summe abhängig ist. Die Auswirkungen dürften jedoch regelmäßig unbedeu-tend sein.

Im Hinblick auf den Umstand, dass Bilanzierungsvorschriften die Abbildung bestehender Rechtsverhältnisse regeln, zeichnet sich der vorgeschlagene Lö-sungsweg - insbesondere im Vergleich mit außerbilanziellen Korrekturposten - durch Übersichtlichkeit der Darstellung aus. Er sollte jene Praxis daher ablösen.

4. Ergänzungsbilanzen und doppelstöckige Personengesellschaften

a) Führung der Ergänzungsbilanz - Möglichkeiten

Auch die Bildung von Ergänzungsbilanzen im Rahmen doppelstöckiger Perso-nengesellschaften birgt Sonderprobleme, die Einfluss auf die Höhe der Kapital-konten und damit im Rahmen des § 15a EStG entfalten. Das Ergänzungskapital ist nämlich Teil des Kapitalkontos im Sinne des § 15a EStG[361]. Während sich die Bildung von Ergänzungsbilanzen der Obergesellschafter bei der Obergesell-schaft sowie der Obergesellschaft bei der Untergesellschaft nach den allgemei-nen Regeln richtet, wird die Behandlung von Ergänzungsbilanzen für mittelbar beteiligte Gesellschafter - sprich für den Obergesellschafter betreffend Wirt-schaftsgüter der Untergesellschaft - nicht einheitlich gesehen. Vordringlich geht es dabei um die Frage, auf welcher Stufe des Besteuerungsverfahrens im Falle eines Wechsels im Gesellschafterkreis der Obergesellschaft zwecks Erfassung von Mehrwerten Ergänzungsbilanzen zu führen sind.

Anwendungsfälle[362] sind auf der einen Seite vorwiegend Konstellationen des § 24 UmwStG (Eintritt eines neuen Gesellschafters in die Obergesellschaft un-ter Einbringung eines Mitunternehmeranteils).

---

[360] Zu betriebsgrößenabhängigen Pflichten und Kosten *Schneeloch*, DStR 1986, 807; zu Ein-flüssen der Betriebsgröße auf die Besteuerung *Huchatz*, Die Betriebsgröße als Tatbestands-merkmal steuerlicher Belastungsunterschiede, Diss. Münster 1983; *Volk*, DB 1986, 2504 ff.
[361] *BFH*, Urteil vom 30.03.1993 - VIII R 63/91, BStBl II 1993, 706, 709; *Ley*, KÖSDI 2001, 12982, 12983; *Wacker* in L. Schmidt, EStG, 24. Auflage 2005, § 15 Rz. 83.
[362] Siehe auch *Ley*, DStR 2004, 1498, 1501; *Ritzrow*, Steuer-Warte 2004, 45.

Beispiel[363]: Altgesellschafter A hat ein Einzelunternehmen mit einem in der Bilanz ausgewiesenen Eigenkapital von 1.000.000 Euro. Angesichts stiller Reserven in Höhe von 2.000.000 Euro beträgt der wahre Wert des Unternehmens 3.000.000 Euro. A gründet mit Neugesellschafter B unter Einbringung des Unternehmens eine OHG, an der beide zu 50% beteiligt sind. B leistet eine Bareinlage von 3.000.000 Euro. Nach § 24 UmwStG setzt A das eingebrachte Betriebsvermögen in der Eröffnungsbilanz der OHG mit den Buchwerten an.

OHG

Betriebsvermögen	1 Mio.	Kapitalkonto A	2 Mio.
Bareinlage B	3 Mio.	Kapitalkonto B	2 Mio.
	4 Mio.		**4 Mio.**

B hat mithin 1.000.000 Euro mehr geleistet, als sein Kapitalkonto ausweist. Diesen Betrag hat er in einer Ergänzungsbilanz auszuweisen:

Ergänzungsbilanz B

Mehrwert für Aktiva	1 Mio.	Mehrkapital B	1 Mio.
	1 Mio.		**1 Mio.**

A hat demgegenüber ein Kapitalkonto, das sein bisher im Einzelunternehmen geführtes Eigenkapital um 1.000.000 Euro übersteigt. Will er die Versteuerung eines entsprechenden Veräußerungsgewinns verhindern, so hat er eine negative Ergänzungsbilanz aufzustellen, um den Mehrwert zu neutralisieren:

---

[363] Ferner Umwandlungssteuererlass v. 25.03.1998, BStBl. I 1998, 268, Tz. 24.14.

Ergänzungsbilanz A

Minderkapital A	1 Mio.	Minderwert für Aktiva	1 Mio.
	__1 Mio.__		__1 Mio.__

Zweiter Hauptanwendungsfall ist der entgeltliche Erwerb eines Gesellschaftsanteils an der Obergesellschaft, bei dem jeweils Mehr- oder Minderwerte auf Wirtschaftsgüter der Untergesellschaft entfallen, die ebenfalls in einer Ergänzungsbilanz auszuweisen sind[364].

Es stellt sich die Frage, in welcher Ergänzungsbilanz Mehr- oder Minderwerte zu führen sind, sofern einem Obergesellschafter im Rahmen eines Anteilserwerbs an der Obergesellschaft Mehr- oder Minderwerte am steuerlichen Betriebsvermögen der Untergesellschaft zuzurechnen sein könnten, weil ein im Rahmen des Anteilserwerbs gegebener Mehrwert anteilig auf das Betriebsvermögen der Untergesellschaft entfällt. Besonders deutlich wird das Problem bei Annahme des Extremfalles, dass die Obergesellschaft ausschließlich die Beteiligung an der operativ tätigen Untergesellschaft hält. Die stillen Reserven können sich hier nur in den Wirtschaftsgütern der Untergesellschaft befinden.

Als Lösung biete sich folgende Möglichkeiten[365] an:

(1) Führung der Werte in einer Ergänzungsbilanz der Obergesellschaft für den Obergesellschafter bei der Untergesellschaft (Durchstockung)[366]; die auf die Beteiligung an der Untergesellschaft entfallenden Mehr- oder Minderwerte sind dabei auf die Steuerbilanzwerte der Untergesellschaft zu verteilen. Falls die Obergesellschaft aufgrund ihres Anteilserwerbs an der Untergesellschaft auch eine eigene Ergänzungsbilanz zu führen hat, muss sie im Ergebnis auf dieser Ebene zwei Ergänzungsbilanzen führen.

---

[364] Siehe hierzu sogleich den unter Gliederungspunkt b) (S. 112) folgenden Beispielsfall.

[365] Zusammenfassend auch *Ley*, KÖSDI 1996, 10923, 10926 f. sowie DStR 2004, 1498, 1502; zu Gestaltungshinweisen siehe *Roser*, EStB 2006, 149, 150.

[366] *Best*, DStZ 1991, 418 ff.; *Carlé* in Korn, EStG, § 15 Rz. 202; *Ley*, KÖSDI 1996, 10923, 10926 f.; KÖSDI 2001, 12982, 12989 f.; *Rätke* in Hermann/Heuer/Raupach, § 15 EStG Anm. 641; *Stegemann*, INF 2003, 266, 267; ferner überwiegende Vorgehensweise der Finanzverwaltung (laufender Abstimmungsprozess zwischen den Einkommensteuerreferatsleitern bei Abschluss dieser Arbeit).

(2) Führung der Werte in einer Ergänzungsbilanz des Obergesellschafters bei der Obergesellschaft[367].

(3) Ergänzungsbilanz der Obergesellschaft bei der Untergesellschaft[368]. Ausweis des sich hier ergebenden Mehrkapitals in einer Ergänzungsbilanz des Obergesellschafters bei der Obergesellschaft als Mehrwert der Beteiligung - „doppelte Ergänzungsbilanz".

(4) Ergänzungsbilanz für den Obergesellschafter als mittelbarer Sondermitunternehmer bei der Untergesellschaft[369]

b) Vergleich der Methoden - Beispielsfall

Verdeutlichen lässt sich das Problem der steuerbilanziellen Behandlung von Mehrwerten bei Erwerb einer Beteiligung an einer doppelstöckigen Personengesellschaft anhand des folgenden sehr einfach gehaltenen *Beispielsfalles*[370]:

A und B sind je zur Hälfte Gesellschafter einer OHG. Die OHG ist zu 100% an einer KG als Kommanditistin beteiligt.

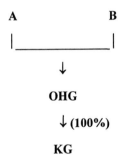

---

[367] *Bitz* in Littmann/Bitz/Hellwig, Einkommensteuerrecht, § 15 Rz. 64; *Ley*, KÖSDI 1992, 9152, 9157 (aufgegeben in KÖSDI 1996, 10923, 10927); *Prinz/Thiel*, FR 1992, 192, 193 f.

[368] *Mayer*, DB 2003, 2034, 2038 f.; wohl auch *Reiß* in Kirchhof/Söhn/Mellinghoff, EStG, § 15 Rdnr. E 256.

[369] *Wacker* in L. Schmidt, EStG, 24. Auflage 2005, § 15 Rz. 471; *Seibold*, DStR 1998, 438, 439 f.

[370] Ähnliche Beispiele finden sich bei *Ley*, DStR 2004, 1498, 1501 f.; *Mayer*, DB 2003, 2034, 2038.

Die Steuerbilanzen zeigen folgendes Bild:

OHG

Anteil UG	1.000	Kapitalkonto A	750
sonstige Aktiva	500	Kapitalkonto B	750
	1.500		**1.500**

KG

Aktiva	1.000	Kapitalkonto OG	1.000
	1.000		**1.000**

Gesellschafter A verkauft nun seinen Anteil an der OHG an C für einen Preis von 1.500, der je zur Hälfte auf die Beteiligung an der Untergesellschaft und die sonstigen Aktiva entfallen soll. In den Wirtschaftsgütern der Untergesellschaft werden somit stille Reserven in Höhe von 250 und hinsichtlich der sonstigen Aktiva der Obergesellschaft in Höhe von 500 aufgedeckt. Die letztgenannten stillen Reserven sind in einer auf Ebene der Obergesellschaft geführten Ergänzungsbilanz des C auszuweisen - insoweit besteht Einigkeit. Streit besteht hinsichtlich der Frage, auf welche Art und Weise die die Aktiva der Untergesellschaft betreffenden aufgedeckten stillen Reserven in der Ergänzungsbilanz ihres mittelbaren Gesellschafters C auszuweisen sind.

Die unterschiedlichen Methoden der Bildung von Ergänzungsbilanzen sollen nun vergleichsweise auf das soeben genannte Beispiel angewendet werden.

Nach **Variante (1)** ergibt sich folgendes Bild der Ergänzungs- und Gesamthandsbilanzen:

Ausgangspunkt ist die (unveränderte) Gesamthandsbilanz der Untergesellschaft.

114

Gesamthandsbilanz der KG (Untergesellschaft)

Aktiva	1.000	Kapitalkonto OG	1.000
	__1.000__		__1.000__

In einer Ergänzungsbilanz der Obergesellschaft für den Obergesellschafter bei der Untergesellschaft ist der Mehrwert - sprich die in den Wirtschaftsgütern der Untergesellschaft aufgedeckten stillen Reserven - auszuweisen.

Ergänzungsbilanz der OHG (Obergesellschaft) bei der KG (Untergesellschaft) für den Obergesellschafter (C)

Aktiva	250	Mehrwert	250
	__250__		__250__

In der Gesamthandsbilanz der Obergesellschaft erhöht sich dann der steuerbilanzielle Ansatz der Beteiligung an der Untergesellschaft um den in der Ergänzungsbilanz ausgewiesenen Mehrwert, sofern man sich der (hier vertretenen[371]) Auffassung anschließt, dass die Beteiligung in Höhe des anteiligen steuerlichen Kapitals der Ober- an der Untergesellschaft auszuweisen ist (Spiegelbildmethode). Das steuerliche Kapital eines Gesellschafters setzt sich aus dem Steuerbilanzkapital und dem Ergänzungskapital (sowie seinem in diesem Zusammenhang nicht zu berücksichtigenden Sonderbetriebsvermögen) zusammen[372]. Gleichzeitig erhöht sich auch das Kapitalkonto des Obergesellschafters bei der Obergesellschaft entsprechend.

---

[371] Siehe Dritter Abschnitt, Gliederungspunkt III. 3. d) bb) (S. 105).
[372] *Ley,* DStR 2004, 1498, 1500; *Wacker* in L. Schmidt, EStG, 24. Auflage 2005, § 15 Rz. 403 m.w.N.

Gesamthandsbilanz der OHG (Obergesellschaft)

Anteil UG	1.250	Kapitalkonto B	750
sonstige Aktiva	500	Kapitalkonto C	1.000
	1.750		**1.750**

In einer Ergänzungsbilanz des Obergesellschafters bei der Obergesellschaft ist das Mehrkapital - also der dem Obergesellschafter zuzurechnende Mehrwert an den Wirtschaftsgütern der Obergesellschaft - auszuweisen.

Ergänzungsbilanz des C (Obergesellschafter) bei der OHG (Obergesellschaft)

sonstige Aktiva	500	Mehrkapital	500
	500		**500**

Nach **Variante (2)** ergibt sich folgendes Bilanzbild:

Gesamthandsbilanz der KG (Untergesellschaft)

Aktiva	1.000	Kapitalkonto OG	1.000
	1.000		**1.000**

Eine Ergänzungsbilanz bei der Untergesellschaft ist nach dieser Auffassung gerade nicht zu bilden.

Die Gesamthandsbilanz der Obergesellschaft hat folgendes Bild:

Gesamthandsbilanz der OHG (Obergesellschaft)

Anteil UG	1.000	Kapitalkonto B	750
Sonstige Aktiva	500	Kapitalkonto C	750
	1.500		**1.500**

Die für die mittelbare Gesellschaftsbeteiligung bezahlten und in den Wirtschaftsgütern der Untergesellschaft enthaltenen Mehrwerte sind in einer separaten Ergänzungsbilanz für den Obergesellschafter bei der Obergesellschaft zu führen.

Ergänzungsbilanz des C (Obergesellschafter) bei der OHG (Obergesellschaft)

Sonstige Aktiva	500	Mehrkapital	750
Wirtschaftsgüter der UG	250		
	750		**750**

Nach **Variante (3)** sehen die Bilanzen hingegen folgendermaßen aus:

Die Ausgangsbilanz der Untergesellschaft zeigt wiederum ein unverändertes Bild:

Gesamthandsbilanz der KG (Untergesellschaft)

Aktiva	1.000	Kapitalkonto OG	1.000
	1.000		**1.000**

Es ist ebenfalls eine Ergänzungsbilanz der Ober- bei der Untergesellschaft zu bilden.

Ergänzungsbilanz der OHG (Obergesellschaft) bei der KG (Untergesellschaft)

Aktiva	250	Mehrwert	250
	250		**250**

Im Unterschied zu Variante (1) umfasst der Steuerbilanzansatz der Untergesellschaft in der Gesamthandsbilanz der Obergesellschaft nicht mehr den in der Ergänzungsbilanz der Obergesellschaft (OHG) bei der KG (Untergesellschaft) ausgewiesenen Mehrwert.

Gesamthandsbilanz der OHG (Obergesellschaft)

Anteil UG	1.000	Kapitalkonto B	750
Sonstige Aktiva	500	Kapitalkonto C	750
	1.500		**1.500**

Dieser Mehrwert ist vielmehr in eine Ergänzungsbilanz des Obergesellschafters bei der Obergesellschaft einzustellen. Hier sind auch Mehrwerte in Bezug auf Wirtschaftsgüter der Obergesellschaft auszuweisen.

Ergänzungsbilanz des C (Obergesellschafter) bei der OHG (Obergesellschaft)

sonstige Aktiva	500	Mehrkapital	750
Mehrwert Beteiligung UG	250		
	750		**750**

Variante (4) liefert folgendes Bilanzbild:

Es bleibt bei der dargestellten Gesamthandsbilanz der Untergesellschaft:

Gesamthandsbilanz der KG (Untergesellschaft)

Aktiva	1.000	Kapitalkonto OG	1.000
	__1.000__		__1.000__

Es ist allerdings nunmehr eine Ergänzungsbilanz des Obergesellschafters C bei der Untergesellschaft zu bilden - insofern besteht eine differierende personelle Zuordnung der Bilanz, die den Mehrwert in den Wirtschaftsgütern der Untergesellschaft ausweist.

Ergänzungsbilanz des C (Obergesellschafter) bei der KG (Untergesellschaft)

Aktiva	250	Mehrwert	250
	__250__		__250__

Die Beteiligung an der Untergesellschaft wird in der Gesamthandsbilanz der Obergesellschaft entsprechend dem buchmäßigen steuerbilanziellen Eigenkapital der Obergesellschaft bei der Untergesellschaft bewertet.

Gesamthandsbilanz der OHG (Obergesellschaft)

Anteil UG	1.000	Kapitalkonto B	750
Sonstige Aktiva	500	Kapitalkonto C	750
	__1.500__		__1.500__

Es ist weiterhin eine Ergänzungsbilanz des Obergesellschafters bei der Obergesellschaft zu bilden.

Ergänzungsbilanz des C (Obergesellschafter) bei der OHG (Obergesellschaft)

Sonstige Aktiva	500	Mehrkapital	500
	_500_		_500_

c) Vergleich der Methoden - materielle Auswirkungen und Bedeutung der Ergänzungsbilanz

Vergleicht und beurteilt man die unterschiedlichen Auswirkungen dieser Vorgehensweisen - insbesondere im Hinblick auf § 15a EStG - so muss man sich zunächst die materielle Bedeutung der Ergänzungsbilanz vor Augen halten:

Die (positive) Ergänzungsbilanz dient in erster Linie der Erfassung der Anschaffungskosten des Erwerbers, die im Regelfall das in der Steuerbilanz ausgewiesene Kapitalkonto des weichenden Gesellschafters übersteigen (im Falle von Minderaufwendungen Bildung einer negativen Ergänzungsbilanz). Bei einer eventuellen Veräußerung des Mitunternehmeranteils kann so der Veräußerungsgewinn nach § 16 EStG zutreffend ermittelt werden.

Auf die Bedeutung der Ergänzungsbilanz im Rahmen des § 15a EStG wurde bereits hingewiesen[373]: Das Ergänzungskapital ist Teil des Kapitalkontos im Sinne des § 15a EStG. Ferner hat die Fortführung der Ergänzungsbilanz Auswirkungen auf das Ergebnis der jeweiligen Ebene, auf der sie geführt wird. Wird sie auf Ebene der Untergesellschaft geführt, so wirkt sich die Fortführung der Ergänzungsbilanz auf den Gewinn aus der Untergesellschaft und damit dort bezüglich § 15a EStG aus. Führt man die Ergänzungsbilanz auf Ebene der Obergesellschaft, sind die sich ergebenden Mehr- oder Minderwerte Teil des Gewinnes aus der Obergesellschaft und wirken sich dementsprechend auch dort im Rahmen des § 15a EStG aus.

---

[373] Siehe Zweiter Abschnitt, Gliederungspunkt II. 3. a) (S. 42).

Im Falle einer positiven Ergänzungsbilanz ergeben sich durch Fortschreibung nach bilanzsteuerrechtlichen Grundsätzen Minderergebnisse in den Folgejahren. Dies berührt zum einen die Einkünfte aus Gewerbebetrieb des Mitunternehmers, zum anderen den Gewerbeertrag der Personengesellschaft. Der letztgenannte Umstand - dies gilt es zu verdeutlichen - hat zur Konsequenz, dass die Führung der Ergänzungsbilanz auch die Gewinnanteile der übrigen Gesellschafter berührt, ohne dass diese an den zugrunde liegenden Vorgängen beteiligt sein müssen (fremdbestimmte Steuerwirkung)[374]. Die Reduzierung des Gewerbeertrags durch Aufwand aus der Ergänzungsbilanz kommt allen Gesellschaftern zugute - dies wird zum Teil als systemfremdes Ergebnis gesehen[375].

d)   Stellungnahme

aa)   Dogmatische Gesichtspunkte

Soweit gegen die ausschließliche Bildung der Ergänzungsbilanz auf Ebene der Obergesellschaft das Argument ins Feld geführt wird, eine solche scheitere schon an dem Umstand, dass es sich bei der Beteiligung um kein Wirtschaftsgut handele[376], kann dem schon in Hinblick auf obige Ausführungen[377] zur Wirtschaftsguteigenschaft von Personengesellschaftsbeteiligungen nicht gefolgt werden.

Ein weiterer dogmatischer Gesichtspunkt ist, dass zivilrechtlich lediglich die Obergesellschaft, nicht hingegen der Obergesellschafter (unmittelbarer) Gesellschafter der Untergesellschaft ist. Dies spricht auf den ersten Blick dafür, nur für diesen eine Ergänzungsbilanz auf Ebene der Untergesellschaft bilden zu können[378], zumal es sich bei der Ergänzungsbilanz um eine Korrektur zur Steuerbilanz handelt. Zwingend ist diese auf die zivilrechtliche Gesellschafterstellung abstellende Betrachtungsweise jedoch nicht[379], denn die Ergänzungsbilanz stellt eine rein steuerliche Bilanz für Mitunternehmer dar, die keine eigenständigen Wirtschaftsgüter, sondern lediglich rechnerische Korrekturposten zur Steuerbilanz der Personengesellschaft einschließlich immaterieller Wirtschaftsgüter enthält. Wie § 15 Abs. 1 Satz 1 Nr. 2 Satz 2 EStG verdeutlicht, ist die zivilrechtliche Zuordnung für das Steuerrecht nicht zwingend, vielmehr koppelt

---

[374] *Prinz/Thiel,* FR 1992, 192, 193.

[375] *Prinz/Thiel,* FR 1992, 192, 194 m.w.N.

[376] *Seibold,* DStR 1998, 438, 441 f.; *Stegemann,* INF 2003, 266 f.

[377] Dritter Abschnitt, Gliederungspunkt III. 3. d) aa) (1) (S. 91).

[378] *Ley,* KÖSDI 1996, 10923, 10927; *Rätke* in Hermann/Heuer/Raupach, § 15 EStG, Anm. 641; *Stegemann,* INF 2003, 266, 267.

[379] Dies hebt *Seibold,* DStR 1998, 438, 439 hervor.

die Norm wie oben ausgeführt[380] die Mitunternehmerstellung von der eigentlich hierfür erforderlichen Gesellschaftereigenschaft ab: Ohne Gesellschafter der Untergesellschaft zu sein, ist der Obergesellschafter hier Mitunternehmer - dogmatisch ließe sich für die Führung einer Ergänzungsbilanz für den Obergesellschafter auf Ebene der Untergesellschaft mithin durchaus eine Begründung finden. Wie oben ausgeführt[381], beschränkt sich die Mitunternehmerstellung des Obergesellschafters in der Untergesellschaft allerdings auf den Sonderbetriebsvermögensbereich, was diesen Argumentationsgang im Gegenzug wiederum erschüttert.

Unter dogmatischen Gesichtspunkten lässt sich die Frage, für wen auf welcher Ebene die Ergänzungsbilanz zu führen ist, somit nicht eindeutig beantworten. Es scheint sich vielmehr erneut so zu verhalten, dass das Problem allein mit dogmatischen Überlegungen nicht lösbar ist[382] - ganz offensichtlich ein gängiges Phänomen bei der Behandlung von Problemen aus dem Bereich doppelstöckiger Personengesellschaften.

bb) Teleologische Gesichtspunkte

(1)   Gewerbesteuerliche Bedeutung der Ergänzungsbilanz

Wendet man sich in einem nächsten Schritt teleologischen Aspekten zu, fallen die bereits angesprochenen gewerbesteuerlichen Gesichtspunkte ins Auge: Die gewerblichen Einkünfte der Mitunternehmerschaft ergeben sich durch Addition der Ergebnisse aus der Gesamthandsbilanz sowie den Sonder- und Ergänzungsbilanzen (additive Gewinnermittlung). Dies ist nach § 7 GewStG Grundlage für die Berechnung des Gewerbeertrags der gemäß § 5 GewStG die Gewerbesteuer schuldenden Personengesellschaft. Die korrekte Bildung von Ergänzungsbilanzen im Rahmen doppelstöckiger Personengesellschaften hat sich unter anderem an ihrer gewerbeertragsteuerlichen Bedeutung zu orientieren. Noch einmal zur Verdeutlichung der hierbei auftretenden Problematik[383]: Auch für die Gewerbesteuer kommt es auf einen zutreffenden Ergebnisausweis auf jeder Ebene an, insbesondere, sofern Ober- und Untergesellschaft differierenden Gewerbesteuererhebesätzen unterliegen. Ordnete man allerdings die Ergänzungsbilanz der E-

---

[380] Erster Abschnitt, Gliederungspunkt III. (S. 35).

[381] Erster Abschnitt, Gliederungspunkt II. 3. (S. 32); siehe zu diesem Aspekt auch *BFH*, Urteil vom 06.09.2000 - IV R 69/99, BStBl II 2001, 731 m.w.N.; *Stegemann*, INF 2003, 266, 267.

[382] *Carlé* in Korn, EStG, Rdnr. 202; *Rätke* in Hermann/Heuer/Raupach, § 15 EStG, Anm. 641; *Stegemann*, INF 2003, 266, 267.

[383] Hierzu *Bitz* in Littmann/Bitz/Hellwig, Einkommensteuerrecht, § 15 Rz. 64; *Ley*, DStR 2004, 1498, 1503; *Prinz/Thiel*, FR 1992, 192, 193; *Seibold*, DStR 1998, 438, 439.

bene der Untergesellschaft zu, flösse das Ergebnis dieser Ergänzungsbilanz in das Ergebnis der Untergesellschaft ein und diese profitierte gewerbeertragsteuerlich vom Aufwand aus einer (positiven) Ergänzungsbilanz. Die Reduzierung des Gewerbeertrags durch die im Hinblick auf die zuvor erfolgte Aufstockung der Buchwerte erhöhten Abschreibungen berührte letztlich auch die Gewinnanteile der am Veräußerungsvorgang nicht beteiligten übrigen Gesellschafter - es käme zu einer fremdbestimmten Steuerwirkung. Bei einer positiven Ergänzungsbilanz erscheint dies nicht einmal allzu problematisch - im Falle einer (zugegebenermaßen selten auftretenden) negativen Ergänzungsbilanz und dementsprechend eintretenden gewerbesteuerlichen Mehrbelastungen stellt sich die Lage hingegen schon anders dar. Die dargestellten Grundsätze gelten nämlich auch für den Fall einer durch Einbeziehung von Ergänzungsbilanzergebnissen anfallenden Mehrbelastung an Gewerbesteuer[384].

Die Bildung der Ergänzungsbilanz auf Ebene der Untergesellschaft ist mithin unter gewerbesteuerlichen Gesichtspunkten problematisch. Auf der anderen Seite erfordert eine korrekte Ermittlung des Gewerbeertrags auf Ebene der Untergesellschaft gerade, dass für die Aufdeckung von in Wirtschaftsgütern der Untergesellschaft enthaltenen stillen Reserven hier eine Ergänzungsbilanz gebildet und fortgeschrieben wird.

Die Probleme lassen sich wie folgt ausräumen: Für die angesprochenen gewerbesteuerlichen Probleme wird hinsichtlich der Beeinflussung des Gewerbeertrags der Untergesellschaft und die dadurch ausgelöste fremdbestimmte Steuerwirkung eine gesellschaftsvertragliche Regelung vorgeschlagen[385] - unter dem Aspekt, dass Rechtssicherheit eigentlich allein aus dem Gesetz unabhängig von vertraglichen Gestaltungen herstellbar sein sollte, sicherlich keine ideale, jedoch eine gangbare Lösung. Es wird sogar vertreten[386], dass bei Schweigen des Gesellschaftsvertrages zur Frage der Verteilung gewerbesteuerlicher Mehrbelastungen davon auszugehen ist, dass jeder Gesellschafter die auf seinen Sonder- und Ergänzungsbereich entfallene Gewerbesteuer im Innenverhältnis selbst zu tragen hat. Die genannten gewerbesteuerlichen Gesichtspunkte lassen mithin eine Bildung der Ergänzungsbilanz auf Ebene der Untergesellschaft trotz damit verbundener Probleme zu.

---

[384] *BFH*, Urteil vom 25.04.1985 - IV R 83/83, BStBl II 1986, 350.
[385] *Ritzrow*, Steuer-Warte 2004, 45, 52; *Rätke* in Hermann/Heuer/Raupach, § 15 EStG, Anm. 641.
[386] *Falterbaum/Bolk/Reiß*, Buchführung und Bilanz, 19. Auflage 2003, 1147.

(2) Bedeutung im Rahmen der Ergebnisverteilung

Bei Führung der Ergänzungsbilanz auf Ebene der Untergesellschaft entfällt das hierbei entstehende Ergebnis eigentlich auf die Obergesellschaft und damit letztlich auf alle Obergesellschafter, obwohl der (für den Regelfall einer positiven Ergänzungsbilanz) zu aktivierende Mehraufwand nur von einem getragen wurde - wirtschaftlich keine zutreffende personelle Zuordnung des Aufwandes.

Dies steht einer Führung der Ergänzungsbilanz auf Ebene der Untergesellschaft jedoch ebenfalls nicht zwingend entgegen: Ein Lösungsansatz[387] findet sich im Bereich der Gewinnverteilung. Grundsätzlich umfasst der Gewinnanteil der Obergesellschaft in ihrer Eigenschaft als Mitunternehmerin der Untergesellschaft auch das Ergebnis einer dort geführten Ergänzungsbilanz, das entsprechend dem allgemeinen Gewinnverteilungsschlüssel auf sämtliche Obergesellschafter zu verteilen wäre. Das Ergänzungsbilanzergebnis mit den vorzunehmenden Mehr- oder Minderabschreibungen soll nach diesem Ansatz jedoch abweichend vom allgemeinen Gewinnverteilungsschlüssel nach der Obergesellschaft dann ausschließlich dem neu hinzugetretenen Obergesellschafter zugerechnet werden, um eben eine zutreffende personelle Zuordnung dieses Aufwandes zu erreichen. Da die Ergänzungsbilanz ausschließlich steuerliche Konsequenzen auslöst, erscheint diese „Missachtung" des Gesellschaftsrechts vertretbar, denn kein Gesellschafter wird dadurch auf Kosten anderer be- oder entreichert - es handelt sich vielmehr um eine spezifische und wirtschaftlich zutreffende Korrektur für steuerliche Zwecke.

(3) Steuergeheimnis und Praktikabilität

Bedenken gegen die Bildung einer Ergänzungsbilanz auf Ebene der Untergesellschaft werden allerdings unter einem anderen Gesichtspunkt erhoben: Bezöge man das Ergebnis einer derartigen Ergänzungsbilanz in das Gewinnfeststellungsverfahren auf Ebene der Obergesellschaft nach §§ 179, 180 Abs. 1 Nr. 2a AO ein[388], so erhielten die übrigen, am Veräußerungsvorgang nicht beteiligten Gesellschafter der Untergesellschaft unter Umständen Einblick in Abfindungs-

---

[387] Argumentation bei *Carlé* in Korn, EStG, § 15 Rz. 202; *Ley*, KÖSDI 1996, 10923, 10927; KÖSDI 2001, 12982, 12989; DStR 2004, 1498, 1504; *Mayer*, DB 2003, 2034, 2039; *Stegemann*, INF 2003, 266, 267.

[388] Der Gewinnanteil der Obergesellschaft als Mitunternehmer der Untergesellschaft umfasst auch das Ergebnis einer Ergänzungsbilanz für die Obergesellschaft: *OFD Berlin*, Verfügung vom 28.08.2001, St 124 - S 2241 - 6/01, FR 2002, 48.

oder Kaufpreisvereinbarungen - dies wird zum Teil als Verletzung des Steuergeheimnisses angesehen[389].

Diese Bedenken lassen sich jedoch ausräumen.

Sie erhalten zwar auf den ersten Blick zusätzliches Gewicht durch die Rechtsprechung des Bundesfinanzhofes, nach der in Fällen des Eintritts, Austritts sowie Wechsels von Mitunternehmern mehrere Feststellungsbescheide zu erteilen sind, sofern eine das gesamte Jahr umfassende Gewinnfeststellung schutzwürdige Interessen der Gesellschafter und damit das Steuergeheimnis verletzt[390]. Dieser Rechtsprechung ist durchaus die Grundaussage zu entnehmen, dass Mitunternehmer nichts über Verhältnisse anderer Mitunternehmer erfahren dürfen, die nicht mit ihnen zusammen Mitunternehmer gewesen sind.

Umgekehrt bedeutet dies aber auch gerade, dass Offenbarungen an Gesellschafter einer Personengesellschaft zulässig sind, soweit dies der Durchführung der einheitlichen und gesonderten Feststellung dient[391]. Aufgrund der besonderen Struktur doppelstöckiger Personengesellschaften ist ausweislich des § 15 Abs. 1 Satz 2 Nr. 2 Satz 2 EStG der Obergesellschaft als Mitunternehmer der Untergesellschaft anzusehen - sofern Gesellschafter der Untergesellschaft Erkenntnisse über Verhältnisse eines Obergesellschafters gewinnen, sind dies Erkenntnisse über Verhältnisse eines mit ihnen beteiligten Mitunternehmers. Soweit für die Durchführung der einheitlichen und gesonderten Feststellung erforderlich, hat das Interesse des einzelnen Beteiligten, seine Verhältnisse vor den Mitbeteiligten geheim zu halten, zurückzutreten[392]. Kritik wird geübt, dass der Bundesfinanzhof in Zusammenhang mit letzter Aussage argumentiert, man habe sich schließlich freiwillig mit den anderen Mitbeteiligten zusammengeschlossen - ein Argument, dass in Fällen mittelbarer Beteiligungen nicht stichhaltig ist[393]. Diese Einwände treffen zu. Allerdings dient dieses Argument den Überlegungen zur Offenbarungen an Mitunternehmer lediglich als zusätzliche Stütze. An der grundsätzlichen Zulässigkeit von Offenbarungen an Mitunternehmer

---

[389] *Bitz* in Littmann/Bitz/Hellwig, Einkommensteuerrecht, § 15 Rz. 64; *Prinz/Thiel*, FR 1992, 192, 194; auch *L. Schmidt*, FS Moxter, 1111, 1122 räumt ein, dass Geheimhaltungsaspekte nicht von der Hand zu weisen seien.

[390] *BFH*, Urteil vom 29.04.1993 - IV R 107/92, BStBl II 1993, 666, 668; siehe auch *BFH*, Urteil vom 14.09.1978 - IV R 49/74, BStBl II 1979, 159, 161; Urteil vom 24.11.1988 - IV R 252/84, BStBl. II 1989, 312, 314; Urteil vom 28.11.1989 - VIII R 40/84, BStBl II 1990, 561, 563 (in der Regel keine geteilte Gewinnfeststellung).

[391] Siehe auch *Alber* in Hübschmann/Hepp/Spitaler, § 30 AO Rz. 74; *Drüen* in Tipke/Kruse, § 30 AO Tz. 17.

[392] *BFH*, Urteil vom 11.09.1991 - IX R 35/90, BStBl II 1992, 4.

[393] *Prinz/Thiel*, FR 1992, 192, 194.

zwecks Durchführung der einheitlichen und gesonderten Feststellung ändert sich vor dem Hintergrund der Vorrangigkeit dieses Verfahrens vor Gesichtspunkten des Steuergeheimnisses auch in Fällen mittelbarer Beteiligungen nichts.

Als letzten Gesichtspunkt für eine Bildung der Ergänzungsbilanz auf Ebene der Obergesellschaft ist zu beachten, dass es letztlich Vorgänge auf dieser Ebene waren, die überhaupt die Ursache für die Aufstellung der Ergänzungsbilanz gesetzt haben. Praktikabilitätsaspekte sprechen somit dafür, die Ergänzungsbilanz unter Aufteilung und Zuordnung der stillen Reserven ebenfalls auf dieser Ebene zu bilden[394].

Gute Gründe der Geheimhaltung und der Praktikabilität stützten somit neben den Aspekten fremdbestimmter Steuerwirkungen die Bildung der Ergänzungsbilanz auf Ebene der Obergesellschaft und damit die Variante (2), ohne der Bildung einer Ergänzungsbilanz auf Ebene der Untergesellschaft im Hinblick auf gangbare Lösungsmöglichkeiten allerdings zwingend entgegenzustehen. Ein Gesichtspunkt ist bislang in diesem Zusammenhang unerörtert geblieben: § 15a EStG. Welche Anforderungen stellt diese Norm nun an die Bildung von Ergänzungsbilanzen im Rahmen doppelstöckiger Personengesellschaften?

cc)   Einfluss des § 15a EStG

Fest steht Folgendes: Im Rahmen der Anwendung des § 15a EStG auf Ebene der Untergesellschaft kommt es nach der hier vertretenen Auffassung[395] auf die Höhe des steuerlichen Kapitals der Obergesellschaft bei der Untergesellschaft an. Die Zwecksetzung des § 15a EStG - Gleichlauf von Verlustausgleich und wirtschaftlicher Belastung - erfordert es nun, auf jeder Ebene entsprechende Ergänzungsbilanzen zu bilden und die anteiligen stillen Reserven auszuweisen[396]. Werden nämlich auf Ebene der Untergesellschaft angesiedelte stille Reserven aufgedeckt, so müssen diese hier unter Umständen anfallenden Verlusten gegenübergestellt werden können und einen Verlustausgleich ermöglichen. In der Ergänzungsbilanz spiegelt sich der Kapitaleinsatz des Obergesellschafters für den Erwerb seines Mitunternehmeranteils wider[397]. Nur dies wird der Zweck-

---

[394] *Bitz* in Littmann/Bitz/Hellwig, Einkommensteuerrecht, § 15 Rz. 64; *Prinz/Thiel*, FR 1992, 192, 194.

[395] Siehe Dritter Abschnitt, Gliederungspunkt III. 3. d) bb) (S. 105).

[396] *Ley*, DStR 2004, 1498, 1503; *Rätke* in Hermann/Heuer/Raupach, § 15 EStG, Anm. 641; *Reiß* in Kirchhof/Söhn/Mellinghoff, EStG, § 15 Rdnr. E 256; *Stegemann*, INF 2003, 266, 267.

[397] *Seibold*, DStR 1998, 438, 441.

setzung des § 15a EStG gerecht und führt zu unter diesem Gesichtspunkt zutreffenden Ergebnissen.

Bezieht man mithin den Aspekt in die Untersuchung ein, dass das für Zwecke des § 15a EStG korrekt zu bildende Kapitalkonto auch eine Führung der Ergänzungsbilanz auf Ebene der Untergesellschaft erfordert, steht dies der unter anderen Gesichtspunkten zu favorisierenden Lösung der Variante (2) somit entgegen. Da man für Zwecke des § 15a EStG kaum um die Bildung einer Ergänzungsbilanz auf Ebene der Untergesellschaft herumkommt, scheidet diese Variante somit aus. Dadurch wird letztlich auch vermieden, dass Mehrwerte bei einer anderen Gesellschaft ausgewiesen würden als die dazugehörigen Wirtschaftsgüter[398].

Ausscheiden muss ebenfalls der Ansatz, der das Ergebnis einer auf Ebene der Untergesellschaft geführten Ergänzungsbilanz unmittelbar dem Obergesellschafter zurechnen will (Variante 4), denn dies führte auf Ebene der Obergesellschaft zu einem unzutreffenden steuerlichen Ergebnisausweis. Darüber kann auch nicht der sicherlich wünschenswerte Aspekt hinweghelfen, dass diese Variante eine sehr praktische Lösung darstellt, denn die Zurechnung des auf Ebene der Untergesellschaft festgestellten Ergänzungsbilanzergebnisses an den Obergesellschafter könnte ohne weitere Schwierigkeiten erfolgen[399]. Allerdings würde die Untergesellschaft und damit die Gesamtheit ihrer Gesellschafter mit den Kosten der Aufstellung dieser Ergänzungsbilanz für einen „Sondermitunternehmer" belastet[400]. Entstünden hier Verluste, so würde dieser Umstand ferner im Hinblick auf die Ermittlung ihrer Ausgleichsfähigkeit oder Verrechenbarkeit materiell unzutreffende Auswirkungen entfalten[401]. Es bleibt festzuhalten, dass unabhängig von einer letztlich erfolgenden Zurechnung beim Obergesellschafter, zunächst eine Einbeziehung des Ergebnisses der auf Ebene der Untergesellschaft geführten Ergänzungsbilanz in das Ergebnis der Obergesellschaft zu erfolgen hat - nur diese Art des Ergebnisausweises trifft für Zwecke des § 15a EStG zu. Letztlich liegt Variante (4) ohnehin die Vorstellung zugrunde, dass § 15a EStG auf Ebene der Untergesellschaft keine Anwendung finden kann[402] - wie oben ausgeführt[403] entspricht dies nicht der hier vertretenen Auffassung.

---

[398] Dies kritisiert *Best*, DStZ 1991, 418, 420.
[399] So sieht es auch *Ley*, DStR 2004, 1498, 1502.
[400] Darauf weist *Carlé* in Korn, EStG, § 15 Rz. 201 hin.
[401] Insb. hervorgehoben von *Ley*, DStR 2004, 1498, 1503.
[402] Siehe *Seibold*, DStR 1998, 438, 441.
[403] Dritter Abschnitt, Gliederungspunkt II. 3. (S. 63).

Übrig bleiben unter Einbeziehung der durch § 15a EStG bedingten Gesichts-punkte somit nur noch die hier vorgestellten Varianten (1) und (3). Beide spre-chen sich übereinstimmend für die Führung einer Ergänzungsbilanz sowohl auf Ebene der Unter- als auch auf Ebene der Obergesellschaft aus.

dd) Weitere Aspekte

Stimmig ist das bislang gefundene Ergebnis daneben bei Betrachtung einer e-ventuellen Veräußerung der Unterbeteiligung durch die Obergesellschaft. Führ-te man die Ergänzungsbilanz ausschließlich auf Ebene der Obergesellschaft, hätte der Obergesellschafter unter Umständen stille Reserven zu versteuern, für die er zuvor anteilig bezahlt hatte. Dies würde dann eintreten, sofern man eine Aufrechnung mit dem in der Ergänzungsbilanz des Obergesellschafters auf E-bene der Obergesellschaft ausgewiesenen, die Untergesellschaft betreffenden Mehrwert ablehnte, weil dieser lediglich in der zur Obergesellschaft gehörenden Ergänzungsbilanz enthalten ist[404].

Erwähnt sei in diesem Zusammenhang auch die Rechtsprechung des Bundesfi-nanzhofes[405], nach der ein laufender Verlust aus einer Untergesellschaft mit dem Gewinn aus der Veräußerung einer Beteiligung an einer Obergesellschaft zu verrechnen ist, soweit dieser anteilig mittelbar auf Wirtschaftsgüter der Un-tergesellschaft entfällt. Auch dies deutet letztlich auf die Bildung einer Ergän-zungsbilanz auf Ebene der Untergesellschaft hin.

ee) Zur personellen Zuordnung der Ergänzungsbilanz

Im Blickpunkt der bislang aufgezeigten Aspekte kann keiner der verbleibenden Varianten (1) oder (3) der Vorzug gegeben werden. Beide führen zu materiell zutreffenden Resultaten.

Variante (1) liegt die Vorstellung zugrunde, die auf Ebene der Untergesellschaft zu führende Ergänzungsbilanz stelle eine Ergänzungsbilanz der Obergesell-schaft für den Obergesellschafter dar. Variante (3) sieht darin eine Ergänzungs-bilanz ausschließlich der Obergesellschaft. Die Konsequenz wurde oben darge-stellt[406]: Nach Variante (1) ist der Ansatz der Unterbeteiligung sowie das Kapi-talkonto des betreffenden Obergesellschafters um den in der Ergänzungsbilanz

---

[404] So *Best*, DStZ 1991, 418, 419.
[405] *BFH*, Urteil v. 01.07.2004 - IV R 67/00, BFHE 206, 557, DB 2004, 2401.
[406] Dritter Abschnitt, Gliederungspunkt III. 4. b) (S. 112).

ausgewiesenen Mehrwert erhöht. Nach Variante (3) wird dieser Mehrwert in die auf Ebene der Obergesellschaft zu führende Ergänzungsbilanz des Obergesellschafters eingestellt, da er nach dieser Vorstellung ja bislang noch nicht für diesen in einer Ergänzungsbilanz enthalten ist. Beides führt vor dem Hintergrund, dass Ergänzungskapital zum Kapitalkonto im Sinne des § 15a EStG gehört, zu im Hinblick auf § 15a EStG übereinstimmenden Ergebnissen.

Eine Kollision lässt sich insoweit feststellen, als Variante (1) die Spiegelbildmethode konsequent durchhält, Variante (3) hingegen die ansonsten bei Bildung von Ergänzungsbilanzen üblichen Grundsätze.

Nach Variante (1) wird die Unterbeteiligung in der Gesamthandsbilanz der Obergesellschaft in Höhe der Summe ihrer Kapitalkonten aus Gesamthands- und Ergänzungsbilanz auf Ebene der Untergesellschaft bewertet.

Nach Variante (3) lässt sich erreichen, dass der Mehraufwand aus der Abschreibung auf diese Weise zutreffend auf Ebene der Untergesellschaft erfasst wird. Zusätzlich wird aber auch erreicht, dass auf Ebene der Obergesellschaft sämtliche Mehranschaffungskosten in einer Ergänzungsbilanz des Obergesellschafters ausgewiesen werden und dem Obergesellschafter auf diese Weise die von ihm getragenen in den Wirtschaftsgütern der Untergesellschaft enthaltenen stillen Reserven zuordenbar sind[407]. Letztlich ist Variante (3) mithin zwar nicht im Hinblick auf die Spiegelbildmethode, sehr wohl aber im Hinblick auf die grundsätzlich in solchen Fällen von den übrigen Obergesellschaftern gewünschte Buchwertfortführung unter Ausweis von Mehrwerten ausschließlich in Ergänzungsbilanzen sowie Übernahme des Kapitalkontos in der Gesamthandsbilanz konsequent. Anzumerken ist, dass auf diese Weise die den Wirtschaftsgütern der Untergesellschaft zuzuordnenden Mehrwerte letztlich doppelt erfasst werden, da sie einmal auf Ebene der Untergesellschaft und einmal als Mehrwert zur Unterbeteiligung auf Ebene der Obergesellschaft in Ergänzungsbilanzen enthalten sind. Die Ermittlung eines auf Ebene der Obergesellschaft zutreffenden steuerlichen Ergebnisses sowie die Vermeidung einer Doppelauswirkung bedingen mithin die grundsätzlich erforderliche (mit den Werten in der Untergesellschaft korrespondierende) Fortschreibung dieses Mehrwertes erfolgsneutral durchzuführen[408].

---

[407] *Mayer*, DB 2003, 2034, 2039.
[408] Darauf weist auch *Ley*, DStR 2004, 1498, 1503 f. hin und kritisiert dies als „nicht übliche Besonderheit", die durch Variante (3) nötig werde.

Die Verwirrung scheint perfekt: Zwei Ansätze führen prinzipiell zu zutreffenden Ergebnissen und kollidieren dennoch unter anderen Gesichtspunkten scheinbar unvereinbar miteinander, wobei nicht deutlich werden will, welchem auf Kosten des anderen der Vorzug zu geben ist.

ff) „Präzisierung" der Spiegelbildmethode und „doppelte" Ergänzungsbilanz als Lösung

Es gibt trotz der aufgezeigten Gegensätze eine Lösung, die allen Aspekten Rechnung trägt: eine „Präzisierung" der Spiegelbildmethode, die eine Vorgehensweise nach Variante (3) ermöglicht, ohne dass der ansonsten ausschließlich von Variante (1) verhinderte Bruch mit der Spiegelbildmethode eintritt.

Hierzu gilt es zunächst eines zu verdeutlichen: Die Bewertung der Unterbeteiligung nach der Spiegelbildmethode sowie die dabei erfolgende Einbeziehung von Ergänzungskapital ist grundsätzlich im Hinblick auf § 15a EStG notwendig. Für die Frage der diesbezüglich stimmigen Bildung von Ergänzungsbilanzen im Rahmen doppelstöckiger Personengesellschaften gilt dies nun gerade nicht zwingend. Korrekte Ergebnisse werden ebenso durch den nach Variante (3) vollzogenen „doppelten" Ausweis der auf die Wirtschaftsgüter der Untergesellschaft entfallenden Mehrwerte erreicht. Eine „Abkehr" von der Spiegelbildmethode, ohne mit ihr zu brechen, ließe sich demnach mit folgender Überlegung als „Präzisierung" der Spiegelbildmethode erreichen: In die Bewertung der Unterbeteiligung sind die Kapitalkonten der Ober- bei der Untergesellschaft aus der Gesamthandsbilanz sowie der Ergänzungsbilanzen einzubeziehen, soweit letztere auf einem Anteilserwerb der Ober- an der Untergesellschaft resultieren. Soweit dort eine Ergänzungsbilanz aufgrund eines Anteilserwerbs durch einen Obergesellschafter an der Obergesellschaft geführt wird, ist der hier ausgewiesene Mehrwert in eine weitere auf Ebene der Obergesellschaft geführte Ergänzungsbilanz des Obergesellschafters einzustellen, ohne dass dies die Bewertung der Unterbeteiligung berührt. Diese „Präzisierung" der Spiegelbildmethode unter Bildung der Ergänzungsbilanzen im Sinne der Variante (3) trägt allen angesprochenen Aspekten Rechnung.

Dennoch sollte rein terminologisch nach Variante (1) vorgegangen werden und die auf Ebene der Untergesellschaft geführte Ergänzungsbilanz als „Ergänzungsbilanz der Obergesellschaft für den Obergesellschafter ..." bezeichnet werden. Dadurch wird nämlich verdeutlicht, dass es sich nicht etwa um eine Ergänzungsbilanz der Obergesellschaft aufgrund ihres eigenen Anteilserwerbs handelt.

5. **Zusammenfassender Beispielsfall zur Integration des § 15a EStG in das Besteuerungskonzept doppelstöckiger Personengesellschaften**

Abschließend sollen die aufgestellten Leitgedanken noch anhand eines konkreten Beispielsfalles in die Praxis umgesetzt werden:

Eine KG (Obergesellschaft) hat zwei Kommanditisten A und B, die jeweils zu 50% beteiligt sind. Die Obergesellschaft ist zu 100% an einer GmbH & Co. KG als Kommanditistin beteiligt.

A   **B**

(50 %) |_____| (50 %)

↓

KG

↓ (100 %)

KG

Die Steuerbilanzen zeigen folgendes Bild:

KG (Obergesellschaft)

Anteil UG	1.000	Kapitalkonto A	750
sonstige Aktiva	500	Kapitalkonto B	750
	1.500		**1.500**

KG (Untergesellschaft)

Aktiva	1.000	Kapitalkonto OG	1.000
	1.000		**1.000**

Gesellschafter A verkauft nun seinen Anteil an der (Ober)-KG an den neuen Gesellschafter C für einen Preis von 1.500, der je zur Hälfte auf die Beteiligung an der Untergesellschaft und die sonstigen Aktiva entfallen soll. In den Wirtschaftsgütern der Untergesellschaft werden somit stille Reserven in Höhe von 250, in den sonstigen Aktiva der Obergesellschaft in Höhe von 500 aufgedeckt.

Die Ergänzungsbilanzen sind nach hier vertretener Auffassung mithin wie folgt aufzustellen, wobei die Bewertung der Unterbeteiligung nach der „präzisierten" Spiegelbildmethode zu erfolgen hat:

Gesamthandsbilanz der KG (Untergesellschaft)

Aktiva	1.000	Kapitalkonto OG	1.000
	1.000		**1.000**

Ergänzungsbilanz der KG (Obergesellschaft) bei der KG (Untergesellschaft) für den Obergesellschafter C

Aktiva	250	Mehrwert	250
	250		**250**

Gesamthandsbilanz der KG (Obergesellschaft)

Anteil UG	1.000	Kapitalkonto C	750
sonstige Aktiva	500	Kapitalkonto B	750
	1.500		**1.500**

**Ergänzungsbilanz des C (Obergesellschafter) bei der
KG (Obergesellschaft)**

sonstige Aktiva	500	Mehrkapital	750
Mehrwert Anteil UG	250		
	__750__		__750__

[Zur Verdeutlichung: Nach Variante (1) wäre die Unterbeteiligung demgegenüber in Höhe von 1.250 zu bewerten; das Kapitalkonto C betrüge entsprechend 1.000; im Gegenzug entfiele der Posten „Mehrwert Unterbeteiligung" in der Ergänzungsbilanz des C auf Ebene der Obergesellschaft].

Sowohl in der Ober- als auch in der Untergesellschaft soll nunmehr ein Betriebsverlust in Höhe von 2.000 entstehen. Es stellt sich die Frage, in welcher Höhe sich ausgleichsfähige oder aber verrechenbare Verluste ergeben?

In einem ersten Schritt ist der Betriebsverlust in Höhe von 2.000 aus der Untergesellschaft zu 100% der Obergesellschaft zuzurechnen. Im Hinblick auf das bei ihr bestehende positive Kapitalkonto in Höhe von 1.000 sowie das Ergänzungskapital in Höhe von 250 werden dabei im Feststellungsbescheid 1.250 als ausgleichsfähig, 750 als verrechenbar ausgewiesen. Die weitere Aufteilung auf die Obergesellschafter hat mit der Maßgabe zu erfolgen, dass jeder einen Verlust von 1.000 zugewiesen erhält. Da die Ergänzungsbilanz letztlich für C geführt wird, sind ihm 750 ausgleichsfähiger und 250 verrechenbarer Verlust zuzuweisen, B je 500 ausgleichsfähiger und verrechenbarer Verlust.

Für das Bild der auf Ebene der Untergesellschaft zu führenden Bilanzen hat dies (beispielsweise[409]) folgende Auswirkungen (Abschreibungen in der Ergänzungsbilanz aus Vereinfachungsgründen vernachlässigt):

---

[409] Der Verlust soll primär die Aktiva aufzehren und in Höhe des überschießenden Teils die Verbindlichkeiten erhöhen.

Gesamthandsbilanz der KG (Untergesellschaft)

Kapitalkonto OG	1.000	Verbindlichkeiten	1.000
	1.000		1.000

Ergänzungsbilanz der KG (Obergesellschaft) bei der KG (Untergesellschaft)

Aktiva	250	Mehrwert	250
	250		250

Lässt man den auf Ebene der Obergesellschaft entstandenen Betriebsverlust in einem ersten Denkschritt außen vor, so ergibt sich - unter Berücksichtigung der hier vorgeschlagenen „innerbilanziellen Korrekturposten" als Weiterentwicklung der Spiegelbildmethode - folgendes Bilanzbild (verrechenbarer Verlust aus der Untergesellschaft betrug 750 und entfiel in Höhe von 500 auf B, in Höhe von 250 auf C):

Gesamthandsbilanz der KG (Obergesellschaft)

Sonstige Aktiva	500	Anteil UG	1.000
Kapitalkonto C	250	*Merkposten verrechenbare Verluste aus UG*	*750*
Erhöhung für Zwecke 15a	*250*		
Kapitalkonto B	250		
Erhöhung für Zwecke 15a	*500*		
	1.750		1.750

Ergänzungsbilanz des C (Obergesellschafter) bei der
KG (Obergesellschaft)

Sonstige Aktiva	500	Mehrkapital	750
Mehrwert Beteiligung UG	250		
	750		**750**

Auch der Verlust aus der Obergesellschaft ist den Obergesellschaftern zuzurechnen - jeder erhält einen Anteil in Höhe von 1.000. Zu klären ist, inwiefern dieser ausgleichsfähig oder lediglich verrechenbar ist.

Für B gilt Folgendes: Unter Berücksichtigung des Merkpostens beträgt sein für die Anwendung des § 15a EStG maßgebliches Kapitalkonto 250. Demnach ist sein Verlustanteil aus der Obergesellschaft in Höhe von 250 ausgleichsfähig. In Höhe von 750 ist er bloß verrechenbar.

Für C gelten demgegenüber andere Werte. Unter Berücksichtigung des Merkpostens betrug sein für die Anwendung des § 15a EStG maßgebliches Kapitalkonto 750. Dies ergibt sich durch einfache Addition seines negativen Kapitalkontos aus der Gesamthandsbilanz in Höhe von ./.250, des dort ausgewiesenen Merkpostens in Höhe von 250 sowie seines auf Ebene der Obergesellschaft ausgewiesenen Ergänzungskapitals in Höhe von 750. Sein Verlustanteil aus der Obergesellschaft setzt sich mithin aus 750 ausgleichsfähigem sowie 250 verrechenbarem Verlustanteil zusammen.

Die endgültige Bilanz hat dann unter (beispielhafter) Berücksichtigung des Betriebsverlustes aus der Obergesellschaft in Höhe von 2.000 folgendes Bild:

Gesamthandsbilanz der OHG (Obergesellschaft)

Kapitalkonto C	1.250	Verbindlichkeiten	1.500
Erhöhung für Zwecke 15a	*250*	Anteil UG	1.000
Kapitalkonto B	1.250	*Merkposten verrechen-*	*750*
Erhöhung für Zwecke 15a	*500*	*bare Verluste aus UG*	
	3.250		**3.250**

Ergänzungsbilanz des C (Obergesellschafter) bei der KG (Obergesellschaft)

sonstige Aktiva	500	Mehrkapital	750
Mehrwert Beteiligung UG	250		
	750		**750**

Auch bei zusammenfassender Betrachtung stimmt das Ergebnis: Jeder Gesellschafter erhält einen Gesamtverlustanteil in Höhe von 2.000, wovon je 1.000 aus der Ober- und 1.000 aus der Untergesellschaft stammen.

B erhält 500 ausgleichsfähigen Verlust aus der Untergesellschaft, 250 ausgleichsfähigen Verlust aus der Obergesellschaft, 500 verrechenbaren Verlust aus der Untergesellschaft sowie 750 verrechenbaren Verlust aus der Obergesellschaft.

C erhält je 750 ausgleichsfähigen Verlust aus der Unter- sowie der Obergesellschaft und je 250 verrechenbare Verluste aus der Unter- sowie der Obergesellschaft zugewiesen.

Dies entspricht der Zwecksetzung des 15a EStG, den Verlustausgleich gemäß der wirtschaftlichen Belastung zu ermöglichen.

B ist in Höhe des Verlustes seines positiven Kapitalkontos in Höhe von 750 wirtschaftlich belastet - ein Verlust in Höhe von 750 ist für ihn ausgleichsfähig. 1.250 des Verlustes sind für ihn verrechenbar. In dieser Höhe ist dementsprechend in der Gesamthandsbilanz der Obergesellschaft nunmehr ein negatives Kapitalkonto für ihn ausgewiesen, was für Zwecke des § 15a EStG um 500 zu erhöhen ist, um eine Kumulation von Verlustausgleichsbeschränkungen auf Ebene der Obergesellschaft zu vermeiden. In Höhe von 500 wird der Verlustausgleichsbeschränkung ja schon durch das negative Kapitalkonto der Obergesellschaft bei der Untergesellschaft Rechnung getragen. Es beträgt ./.1.000, wirkt sich für B über seine hälftige Ergebnisbeteiligung mithin in Höhe von 500 verlustausgleichsbeschränkend aus.

Der Kapitaleinsatz des C betrug 1.500 (Kaufpreis). In dieser Höhe ist er durch die entstandenen Verluste auch wirtschaftlich belastet und kann diese ausgleichen. Der Kaufpreis entfiel je zur Hälfte auf die Beteiligung an der Untergesellschaft und die sonstigen Wirtschaftsgüter der Obergesellschaft. Dementsprechend ist auch aus jeder Ebene ein Betrag in Höhe von 750 ausgleichsfähig. Der restliche Verlust in Höhe von 500 ist für ihn verrechenbar. Auf Ebene der Untergesellschaft besteht daher für ihn eine künftige Verlustausgleichsbeschränkung in Höhe von 250, ausgedrückt durch das negative Kapitalkonto der Obergesellschaft in Höhe von ./.1.000, das sich in Höhe von 500 für C über seine hälftige Ergebnisbeteiligung auswirkt sowie das sein Verlustausgleichspotenzial erhöhende Ergänzungskapital in Höhe von 250. Auf Ebene der Obergesellschaft beträgt sein für Zwecke des § 15a EStG maßgebliches Kapitalkonto entsprechend ebenfalls ./.250 (Addition seines negativen Kapitalkontos aus der Gesamthandsbilanz in Höhe von ./.1.250, des für ihn geltenden Merkpostens in Höhe von 250 sowie seines auf Ebene der Obergesellschaft ausgewiesenen Ergänzungskapitals in Höhe von 750).

Die Anwendung der aufgestellten Leitgedanken führt somit bei praktischer Verprobung zu stimmigen Ergebnissen.

<u>Vierter Abschnitt:</u>   Ergebnisse

I.   **Zusammenfassende Stellungnahme zur Integration des § 15a EStG in das Besteuerungskonzept doppelstöckiger Personengesellschaften**

Zur Frage der Integration des § 15a EStG in das Besteuerungskonzept doppelstöckiger Personengesellschaften lassen sich folgende Leitgedanken zusammentragen:

1)   Sinn und Zweck des Gesetzes sowie das Gebot der Gleichmäßigkeit der Besteuerung gebieten die grundsätzliche Anwendbarkeit des § 15a EStG auch im Rahmen mehrstufiger Personengesellschaften[410].

2)   Auch in doppelstöckigen Personengesellschaften erfolgt die Gewinnzurechnung grundsätzlich nach den allgemeinen Regeln. Vor dem Hintergrund, dass § 15a EStG eine Durchbrechung des in § 2 Abs. 3 EStG niedergelegten Grundsatzes der Saldierung positiver und negativer Einkünfte enthält, sind die Ergebnisse von Unter- und Obergesellschaft dabei allerdings getrennt auszuweisen[411].

3)   Der Ausweis der Beteiligung an der Untergesellschaft in der Steuerbilanz der Obergesellschaft hat nach der so genannten Spiegelbildmethode zu erfolgen - die Bewertung richtet sich mithin nach dem anteiligem Kapitalkonto des bilanzierenden Gesellschafters bei der Untergesellschaft vermehrt oder vermindert um sein Ergänzungskapital. Der Ausweis nach der Spiegelbildmethode ist gegenüber der bisherigen Vorgehensweise jedoch weiterzuentwickeln: Die bislang durch außerbilanzielle Korrekturen erreichte Verhinderung einer Kumulation von Verlustausgleichsbeschränkungen sollte durch Ansatz „innerbilanzieller" Merkposten vermieden werden, in die der Obergesellschaft zugewiesene verrechenbare Verluste aus der Untergesellschaft eingestellt werden. Sowohl auf der Aktivseite bei der Unterbeteiligung als auch auf der Passivseite beim Kapitalkonto des Obergesellschafters oder auch der Obergesellschaft ist ein entsprechender Posten der auf sie entfallenden verrechenbaren Verluste zu bilden. Das für Zwecke des § 15a EStG maßgebliche Kapitalkonto ist durch Addition sowohl dieses Pos-

---

[410] Siehe Dritter Abschnitt, Gliederungspunkt II. 3. (S. 63) und 4. (S. 66).
[411] Siehe Dritter Abschnitt, Gliederungspunkt III. 2. c) (S. 70).

tens, also dem Kapitalkonto aus der Gesamthandsbilanz, als auch des Ergänzungskapitals des Gesellschafters zu ermitteln[412].

4)   § 15a EStG entfaltet auch Einfluss auf die Bildung von Ergänzungsbilanzen im Rahmen doppelstöckiger Personengesellschaften[413]: Wird ein Anteil an der Obergesellschaft veräußert, so ist der Mehrwert, der sich durch Aufdeckung anteiliger, in den Wirtschaftsgütern der Untergesellschaft enthaltener, stiller Reserven ergibt, in eine auf Ebene der Untergesellschaft geführte Ergänzungsbilanz der Obergesellschaft „für den erwerbenden Obergesellschafter" einzustellen. Der Mehrwert ist ebenso in eine auf Ebene der Obergesellschaft geführte Ergänzungsbilanz des Obergesellschafters als Mehrwert der Beteiligung einzustellen, welcher zur Vermeidung einer Doppelerfassung erfolgsneutral fortzuschreiben ist. Hier sind auch die die Wirtschaftsgüter der Obergesellschaft betreffenden Mehrwerte ohne Beachtung von Besonderheiten auszuweisen.

5)   Das Ergänzungsbilanzergebnis aus dieser auf Ebene der Untergesellschaft geführten Ergänzungsbilanz ist zunächst der Obergesellschaft und danach abweichend vom allgemeinen Gewinnverteilungsschlüssel ausschließlich dem neu hinzugetretenen Obergesellschafter zuzurechnen, um auf diesem Wege eine zutreffende personelle Zuordnung des Aufwandes (oder Ertrages) zu erreichen[414].

6)   Im Hinblick auf den Zusammenhang mit der Bildung von Ergänzungsbilanzen ist die Spiegelbildmethode zu präzisieren: In die Bewertung der Unterbeteiligung fließt zwar das Ergänzungskapital der Ober- bei der Untergesellschaft ein, nicht aber das sich aufgrund von Erwerbsvorgängen betreffend Anteile an der Obergesellschaft nach den soeben beschriebenen Grundsätzen ergebende Ergänzungskapital „der Obergesellschaft für den Obergesellschafter" auf Ebene der Untergesellschaft[415].

---

[412] Siehe Dritter Abschnitt, Gliederungspunkt III. 3. d) bb) (S. 105).
[413] Siehe Dritter Abschnitt, Gliederungspunkt III. 4. d) cc) (S. 125).
[414] Siehe Dritter Abschnitt, Gliederungspunkt III. 4. d) bb) (2) (S. 123).
[415] Siehe Dritter Abschnitt, Gliederungspunkt III. 4. d) ff) (S. 129).

II. Schlussfolgerungen hinsichtlich genereller Rechtsanwendung im behandelten Themenkreis

Nunmehr gilt es, von der konkreten Problematik der Behandlung negativer Kapitalkonten abstrahierend, allgemeine Grundsätze für die generelle Rechtsanwendung im behandelten Themenkreis als Schlussfolgerung abzuleiten.

Was lässt sich obigen Ausführungen nun verallgemeinernd entnehmen?

Im Hinblick auf die Behandlung doppelstöckiger Personengesellschaften im Steuerrecht wurde deutlich, dass sich Probleme aus diesem Bereich allein mit dogmatischen Überlegungen kaum lösen lassen, dass vielmehr zum Teil pragmatischen Ansätzen der Vorzug gegeben werden muss. Vorrangiger allgemeiner Grundsatz ist hierbei, ungerechtfertigte Privilegierungen derartiger Konstruktionen zu vermeiden, da dies im Widerspruch zur Gleichmäßigkeit der Besteuerung orientiert an der wirtschaftlichen Leistungsfähigkeit stünde. Rechnung zu tragen ist bei der Rechtsanwendung im Rahmen doppelstöckiger Personengesellschaften stets dem Umstand, dass der Formulierung der „normalen" gesetzlichen Vorschriften oftmals die Vorstellung des „Normalfalles" einer unmittelbaren Beteiligung zugrunde liegt.

Im Gegenzug lässt sich allerdings auch der verallgemeinernde Schluss ziehen, doppelstöckige Konstruktionen steuerlich gegenüber unmittelbaren Beteiligungsverhältnissen nicht benachteiligen zu dürfen. Das Gesetz trägt diesem Umstand nicht umfassend Rechnung: Veräußert etwa die Obergesellschaft ihre Beteiligung an der Untergesellschaft, so ist ein hierbei entstehender Veräußerungsgewinn gemäß § 7 Satz 2 Nr. 2 GewStG gewerbesteuerpflichtig. Im Falle einer unmittelbaren Beteiligung der (natürlichen) Obergesellschafter an der Untergesellschaft wäre dies nicht der Fall. Wirtschaftlich betrachtet unterscheiden die Fälle sich nicht. Als sachlicher Grund wird in der Gesetzesbegründung[416] erneut die Vereinfachung angeführt: Der Finanzverwaltung werde auf diese Weise Ermittlungsaufwand erspart, da dahinstehen könne, ob an der Obergesellschaft auch Kapitalgesellschaften beteiligt seien. Inwiefern dies verfassungsrechtlich haltbar ist, kann nicht Gegenstand vorliegender Untersuchung

---

[416] BT-Drs. 14/7344, 12: „Bei mehrstufigen Personengesellschaften ist es für das Betriebsfinanzamt regelmäßig nicht oder nur unter unverhältnismäßigen Schwierigkeiten feststellbar, ob und in welchem Umfang eine natürliche Person mittelbar an dem Veräußerungsgewinn beteiligt ist."; sehr kritisch *Paus*, StBp 2005, 48, 50 f.; siehe auch Überblick bei *Förster*, FR 2002, 649 ff.; ferner *Bechler/Schröder*, DB 2002, 2238 ff.; *Füger/Rieger*, DStR 2002, 933 ff.; *Schmidt/Hageböke*, DB 2003, 790 ff.

sein. Es soll jedoch für eine eventuell nachfolgende Diskussion darauf hingewiesen werden, dass diese gesetzliche Regelung jedenfalls unvereinbar mit dem
Grundgedanken ist, doppelstöckige Personengesellschaften gegenüber unmittelbaren Beteiligungen weder privilegieren noch benachteiligen zu dürfen.

Relevant kann dieser allgemeine Grundsatz auch im Rahmen der Diskussion
werden, ob die Obergesellschafter im Falle einer Veräußerung der Unterbeteiligung durch die Obergesellschaft für einen hierbei entstehenden Veräußerungsgewinn die Vergünstigungen des Freibetrages des § 16 EStG sowie der Tarif-
ermäßigung nach § 34 EStG in Anspruch nehmen können[417]. Verneinte man
dies, würden Gesellschafter doppelstöckiger Personengesellschaften wiederum
allein aufgrund dieser Konstruktion steuerlich benachteiligt. Orientierte man
sich bei der Rechtsanwendung an den soeben genannten allgemeinen Grundsätzen, könnte dies verhindert werden.

Im Hinblick auf § 15a EStG wurde deutlich, dass die Problematik seiner Handhabe sich generell im Spannungsfeld zwischen gesetzgeberischen Vereinfachungsgedanken auf der einen sowie Einzelfallgerechtigkeit auf der anderen
Seite bewegt. Ziel seiner Auslegung muss dabei stets eine mit dem Grundgedanken der Norm abgestimmte sowie verfassungskonform an der Besteuerung
nach der Leistungsfähigkeit ausgerichtete Vorgehensweise sein. Wünschenswert erschiene im Hinblick auf den rechtstaatlich anerkannten Grundwert der
Rechtssicherheit die Problembewältigung unabhängig von außerbilanziellen
Merkposten.

Ein generelles Phänomen bei der Auslegung des § 15a EStG ist, dass gerne das
gesetzgeberische Anliegen der Rechtsvereinfachung und der Charakter des
§ 15a als typisierende Vorschrift zur Missbrauchsbekämpfung ins Feld geführt
wird. Dies ist ein durchaus anerkennenswerter Gesichtspunkt - das Konzept der
Vereinfachung kann erfolgreicher sein als der Versuch einer Differenzierung bis
ins letzte Detail. HELSPER bringt hierzu ein anschauliches Beispiel aus der Evolution[418]: Für Zecken hat es sich entwicklungsgeschichtlich ausgezahlt, ihre
Beute anhand von nur zwei Merkmalen (Temperatur und Buttersäure) zu identi-
fizieren. Dieses einfache Entscheidungsschema nimmt zwar Irrtümer in Kauf,
hat sich gegenüber komplexeren Erkennungsmustern jedoch bewährt. Aus der
Rechtsgeschichte ist bekannt, dass die römischen Digesten durch ausufernde
Kommentierungen soviel an Klarheit verloren, dass Kaiser Justinian sich letztlich zum Erlass eines Kommentierungsverbotes im Interesse der Rechtsklarheit

---

[417] Dazu bereits oben Dritter Abschnitt, Gliederungspunkt III. 2. d) (S. 73).
[418] *Helsper*, Die Vorschriften der Evolution für das Recht, 96.

durch Vereinfachung entschloss. In Zusammenhang mit der Handhabe des § 15a EStG sollte dieses Argument der Vereinfachung jedoch kritisch betrachtet werden. WACKER[419] erinnert im Hinblick auf die Bund-Länder-Arbeitsgruppe „Vereinfachung des § 15a EStG" zu Recht an die Worte EINSTEINS, dass man die Dinge so einfach wie möglich machen solle, aber eben nicht einfacher. Es drängt sich ferner der Eindruck auf, dass das Vereinfachungsargument seitens des Gesetzgebers sowie der Verwaltung insbesondere dann ins Feld geführt wird, sofern zu einer Verkomplizierung des Gesetzes führende Regelungen tendenziell den Interessen des Steuerpflichtigen dienen würden[420]. Ferner ist die Umsetzung des Vereinfachungsanliegens dem Gesetzgeber bei Konzeption des § 15a EStG auch nicht gelungen. Geschäftsprüfungsberichten zufolge wenden Finanzbeamte § 15a EStG mit einer durchschnittlichen Fehlerquote von 80% an[421].

Letztlich wird man in Zusammenhang sowohl mit der doppelstöckigen Personengesellschaft als auch mit § 15a EStG an die Worte des Reichskanzlers OTTO VON BISMARCK erinnert, nach denen es sich zwar mit schlechten Gesetzen und guten Richtern, nicht jedoch umgekehrt arbeiten ließe - im genannten Themenkreis muss Deutschland sich wohl weiterhin auf gute Richter verlassen, von guten Gesetzen kann keinesfalls die Rede sein.

---

[419] *Wacker*, FS Volker Röhricht, 1079, 1093.

[420] Sehr kritisch *Lempenau*, StuW 1981, 235, 244.

[421] Dies schreibt der im Bundesministerium der Finanzen tätige *Helsper*, Die Vorschriften der Evolution für das Recht, 98.

Literaturverzeichnis

Monographien

Beck'sches Handbuch der Personengesellschaften; siehe *Müller, Welf/ Hoffmann, Wolf-Dieter.*

Bordewin, Arno/ Söffing, Günter/ Brandenberg, Hermann B.; Verlustverrechnung bei negativem Kapitalkonto. Bedeutung des § 15a EStG; Herne/Berlin 2. Auflage 1986.

Breuer, Claudia; Beteiligungen an Personengesellschaften in der Handelsbilanz; Düsseldorf 1994.

Chmielewicz, Klaus/ Schweitzer, Marcell; Handwörterbuch des Rechnungswesens; 3. Auflage Stuttgart 1993.

Graß, Arno; Unternehmensformneutrale Besteuerung; Dissertation Köln 1991, Berlin 1992.

Falterbaum, Hermann/ Bolk, Wolfgang/ Reiß, Wolfram; Buchführung und Bilanz; 19. Auflage Achim 2003.

Flume, Werner; Allgemeiner Teil des Bürgerlichen Rechts. Erster Teil: Die Personengesellschaft; Berlin Heidelberg New York 1977.

Helmreich, Heinz; Verluste bei beschränkter Haftung und § 15a EStG; Stuttgart 1998.

Helsper, Helmut; Die Vorschriften der Evolution für das Recht; Köln 1989.

Huchatz, Wolfgang; Die Betriebsgröße als Tatbestandsmerkmal steuerlicher Belastungsunterschiede; Dissertation Münster 1983, Gelsenkirchen 1984.

Knobbe-Keuk, Brigitte; Bilanz- und Unternehmenssteuerrecht; 9. Auflage Köln 1993.

Knobbe-Keuk; Das Steuerrecht - eine unerwünschte Rechtsquelle des Gesellschaftsrechts?; Köln 1986.

Kröner, Michael; Verrechnungsbeschränkte Verluste im Ertragsteuerrecht; Dissertation Köln 1986, Wiesbaden 1986.

Lange, Joachim (Begründer); Personengesellschaft im Steuerrecht; 6. Auflage Herne/ Berlin 2005.

Lüdemann, Peter; Verluste bei beschränkter Haftung: eine steuer- und verfassungsrechtliche Studie am Beispiel des § 15a EStG; Dissertation Augsburg 1997, Berlin 1998.

Müller, Welf/ Hoffmann, Wolf-Dieter (Herausgeber); Beck'sches Handbuch der Personengesellschaften, Gesellschaftsrecht – Steuerrecht; 2. Auflage München 2002 (zitiert: Beck PersGes-HB).

Pinkernell, Reimar; Einkünftezurechnung bei Personengesellschaften; Dissertation Köln 1999/2000, Berlin 2001.

Schmidt, Axel; Einkommensteuerliche Behandlung mittelbarer Leistungsbeziehungen bei Personengesellschaften; Dissertation Düsseldorf 1990.

Sudhoff, Heinrich (Begründer); Personengesellschaften; 8. Auflage München 2005.

Tipke, Klaus/ Lang, Joachim; Steuerrecht; 17. Auflage Köln 2002 und 18. Auflage Köln 2005.

Zimmermann, Reimar/ Hottmann, Jürgen/ Hübner, Heinrich/ Schaeberle, Jürgen/ Völkel, Dieter; Die Personengesellschaft im Steuerrecht; 8. Auflage 2003.

Kommentare

Adler/Düring/Schmalz; Rechnungslegung und Prüfung der Unternehmen; Stuttgart 1995.

Baumbach, Adolf (Begründer)/ Hopt, Klaus J.; Handelsgesetzbuch: mit GmbH & Co., Handelsklauseln, Bank- und Börsenrecht, Transportrecht (ohne Seerecht); 31. Auflage München 2003.

Blümich; Einkommensteuergesetz, Körperschaftsteuergesetz, Gewerbesteuergesetz. Kommentar; 86. Ergänzungslieferung Mai 2005.

Dolzer, Rudolf/ Vogel, Klaus/ Graßhof, Karin (Herausgeber); Bonner Kommentar zum Grundgesetz; 117. Aktualisierung Juni 2005.

Herrmann/Heuer/Raupach; Einkommensteuer- und Körperschaftsteuergesetz. Kommentar; 219. Lieferung August 2005.

Hübschmann/Hepp/Spitaler; Abgabenordnung. Finanzgerichtsordnung. Kommentar; 184. Lieferung März 2005.

Kirchhof, Paul/ Söhn, Hartmut/ Mellinghoff, Rudolf (Herausgeber); Einkommensteuergesetz - Kommentar; 158. Aktualisierung Oktober 2005.

Koch, Karl/ Scholtz, Rolf-Dieter (Herausgeber); Abgabenordnung AO; 5. Auflage 1996.

Korn, Klaus (Herausgeber); Einkommensteuergesetz; Bonn 2000.

Littmann, Eberhard/ Bitz, Horst/ Pust, Hartmut; Das Einkommensteuerrecht. Kommentar zum Einkommensteuerrecht; Stand: 66. Erg.-Lief. 05.2005.

Schmidt, Ludwig (Herausgeber); Einkommensteuergesetz: EStG. Kommentar; 19. Auflage 2000 und 24. Auflage 2005.

Tipke/ Kruse; Abgabenordnung. Finanzgerichtsordnung. Kommentar zur AO und zur FGO; 107. Lieferung September 2005.

Zeitschriftenaufsätze

Autenrieth, Karlheinz; Gewerbliche Prägung bei doppelstöckiger GmbH & Co. KG und Verlustverrechnung; Deutsche Steuer-Zeitung 1987, S. 121 - 124.

Bechler, Christoph/ Schröder, Karl-Wilhelm; Gewerbesteuer bei der Veräußerung von Mitunternehmeranteilen - § 7 Satz 2 GewStG i.d.F. des UntStFG; Der Betrieb 2002, S. 2238 - 2242.

Best, Michael; „Durchstockung" bei Erwerb von Anteilen an doppelstöckigen Personengesellschaften. Festbeitrag zum 70. Geburtstag von Georg Döllerer; Deutsche Steuer-Zeitung 1991, S. 418 - 420.

Bodden, Guido; Einkünftequalifikation bei Mitunternehmern. 4 Thesen zur Neuorientierung bei der Besteuerung von Personengesellschaften; Finanz-Rundschau 2002, S. 559 - 568.

Bodden, Guido; Tatbestandsverwirklichung nach § 15 Abs. 1 Satz 1 Nr. 2 EStG. Ein Beitrag zur Rechtssubjektivität der Personengesellschaft im Einkommensteuerrecht; Deutsche Steuer-Zeitung 2002, S. 391 - 404.

Bordewin, Arno; Verlustausgleich und Verlustabzug bei Personengesellschaften - insbesondere nach neuester Rechtsprechung des Bundesfinanzhofes; Deutsches Steuerrecht 1994, S. 673 - 679.

Bürkle, Thomas/ Knebel, Andreas; Bilanzierung von Beteiligungen an Personengesellschaften; Deutsches Steuerrecht 1998, S. 1067 - 1072 sowie 1890 - 1892.

Carlé, Dieter/ Carlé, Thomas; Ausgleichsfähige statt verrechenbare Verluste durch den Wechsel vom Kommanditisten zum Vollhafter; Finanz-Rundschau 2001, S. 829 - 832.

Claudy, Björn/ Steger, Michael; Einlagen und § 15a EStG. Zur Notwendigkeit eines außerbilanziellen Korrekturpostens; Deutsches Steuerrecht 2004, S. 1504 - 1509.

Dietel, Marco; Bilanzierung von Anteilen an Personengesellschaften in Handels- und Steuerbilanz; Deutsches Steuerrecht 2002, S. 2140 - 2144.

Döllerer, Georg; Die Beteiligung einer Kapitalgesellschaft an einer Personenhandelsgesellschaft nach Handelsrecht und Steuerrecht; Die Wirtschaftsprüfung 1977, S. 81 - 90.

Federmann, Rudolf; Rechnungsabgrenzungsposten in der Handels- und Steuerbilanz; Steuer & Studium 1985, S. 131 - 136.

Felix, Günther; „Sondermitunternehmer": Unmittelbare Leistung bei mittelbarer Beteiligung, § 15 Abs. 1 Nr. 2 Satz 2 EStG; Kölner Steuerdialog 1994, S. 9767 - 9771.

Förster, Ursula; Übertragung von Mitunternehmeranteilen im Ertragsteuerrecht; Finanz-Rundschau 2002, S. 649 - 657.

Frystatzki, Christian; Stille Gesellschaft und § 15a EStG; Der Ertragsteuerberater 2005, S. 39 - 40.

Füger, Rolf/ Rieger, Norbert; Veräußerung von Mitunternehmeranteilen und Gewerbesteuer; Deutsches Steuerrecht 2002, S. 933 - 939.

Groh, Manfred; § 15a EStG und die Kunst der Gesetzesanwendung; Der Betrieb 1990, S. 13 - 17.

Groh, Manfred; Das Steuerrecht als unerwünschte Rechtsquelle des Gesellschaftsrechts; Betriebs-Berater 1984, S. 304 - 309.

Groh, Manfred; Die Bilanzen der Mitunternehmerschaft; Steuer und Wirtschaft 1995, S. 383 - 389.

Groh, Manfred; Trennungs- und Transparenzprinzip im Steuerrecht der Personengesellschaften; Zeitschrift für Wirtschaftsrecht und Insolvenzpraxis (ZIP) 1998, S. 89 - 95.

Haarmann, Wilhelm/ Sagasser, Bernd; Verstößt § 15a EStG gegen den Gleichheitssatz (Art. 3 Abs. 1 GG)?; Der Betrieb 1986, S. 1692 - 1696.

Hebeler, Christian; Verlustanteile aus der Beteiligung an Personengesellschaften in den Bilanzen einer Kapitalgesellschaft; Betriebs-Berater 1998, S. 206 - 210.

Henning, Thomas; Die Anwendung des § 15a EStG auf doppelstöckige Kommanditgesellschaften; Der Betrieb 1985, S. 886 - 889.

Herrmann, Horst; Zur Bilanzierung bei Personenhandelsgesellschaften. Die Überarbeitung der HFA-Stellungnahme 1/1976; Die Wirtschaftsprüfung 1994, S. 500 - 513.

Hoffmann, Wolf-Dieter; Die Bilanzierung von Beteiligungen an Personenhandelsgesellschaften. Ein Vorschlag zur Neufassung der IdW-Stellungnahme HFA 3/1976; Betriebs-Berater Beilage 2/1988.

Jakob, Wolfgang; § 15a EStG - zu seiner Verfassungsmäßigkeit, insbesondere zur Anwendbarkeit auf Kommanditisten von „Nicht-Verlustzuweisungsgesellschaften"; Betriebs-Berater 1989, S. 887 - 896.

Kantwill, Werner; Verluste bei beschränkt haftenden Gesellschaftern (§ 15a EStG); Steuer & Studium 2004, S. 439 - 451.

Kempf, Andreas/ Hillringhaus, Dieter; § 15a EStG als Hemmschuh bei Unternehmensreorganisationen und Unternehmensverkäufen?; Der Betrieb 1996, S. 12 - 14.

Klatte, Volkmar; Das Eigenkapital im Jahresabschluss der GmbH & Co. KG nach dem KapCoRiLiG; Steuer und Buchhaltung 2000, S. 645 - 652.

Kempermann, Michael; Neue Rechtsprechung zu § 15a EStG: Einlagen bei negativem Kapitalkonto und Wechsel der Gesellschafterstellung; Deutsches Steuerrecht 2004, S. 1515 - 1517.

Knobbe-Keuk, Brigitte; Der neue § 15a EStG - ein Beispiel für den Gesetzgebungsstil unserer Zeit; Steuer und Wirtschaft 1981, S. 97 - 105.

Knobbe-Keuk, Brigitte; Die gesetzliche Regelung des negativen Kapitalkontos des Kommanditisten - eine Missgeburt; Neue Juristische Wochenschrift 1980, S. 2557 - 2561.

Knobbe-Keuk, Brigitte; Gesellschaftsanteile in der Handels- und Steuerbilanz; Die Aktiengesellschaft 1979, S. 293 - 306.

Knobbe-Keuk, Brigitte; Gleichstellung des Mitunternehmers mit dem Einzelunternehmer? § 15 Abs. 1 Satz 1 Nr. 2 EStG und mittelbar Beteiligte; Der Betrieb 1990, S. 905 - 908.

Korn, Klaus; „Kapitalkonto" und Anteil „am Verlust der Kommanditgesellschaft" nach § 15a EStG - Beratungshinweise zur veränderten Rechtslage; Kölner Steuerdialog 1994, S. 9907 - 9919.

Kußmaul, Heinz/ Richter, Lutz; Der aktive und passive Ausgleichsposten in körperschaftsteuerlichen Organschaftsfällen; Deutsches Steuerrecht 1999, S. 1717 - 1721.

Lempenau, Gerhard; Verlustzurechnung und Verlustverrechnung beim Kommanditisten - handelsrechtlich und steuerrechtlich -; Steuer und Wirtschaft 1981, S. 235 - 244.

Ley, Ursula; Besteuerungsfragen bei „doppelstöckigen" Personengesellschaften; Kölner Steuerdialog 1996, S. 10923 - 10935.

Ley, Ursula; Die Anwendung von § 15a EStG auf doppelstöckige Personengesellschaften; Deutsches Steuerrecht 2004, S. 1498 - 1504.

Ley, Ursula; Ergänzungsbilanzen beim Erwerb von Personengesellschaftsanteilen, bei Einbringungen nach § 24 UmwStG und bei Übertragungen nach § 6 Abs. 5 Satz 3 EStG; Kölner Steuerdialog 2001, S. 12982 - 12996.

Ley, Ursula; Neuere Entwicklungen und Praxiserkenntnisse zu § 15a EStG; Kölner Steuerdialog 2004, S. 14374 - 14387.

Ley, Ursula; Schwerpunkte und Streitfragen aus dem Bilanzsteuerrecht; Kölner Steuerdialog 1992, S. 9152 - 9161.

Mayer, Lars; Steuerbilanzielle Behandlung von Mehrwerten bei Erwerb einer Beteiligung an einer doppelstöckigen Personengesellschaft - Anwendung der Spiegelbildmethode in der Steuerbilanz; Der Betrieb 2003, S. 2034 - 2040.

Meilicke, Wienand; Kapitalersetzende Darlehen als Kapitalkonto i. S. von § 15a EStG; Der Betrieb 1992, S. 1802.

Mellwig, Winfried; Beteiligungen an Personengesellschaften in der Handelsbilanz; Betriebs-Berater 1990, S. 1162 - 1172.

Nickel, Jörg/ Bodden, Guido; Verlustausgleich und Verlustverrechnung nach § 15a EStG bei doppelstöckigen Kommanditgesellschaften; Finanz-Rundschau 2003, S. 391 - 396.

Niehus, Ulrich/ Wilke, Helmuth; Einlagen des Kommanditisten bei negativem Kapitalkonto sowie Haftungsausweitung aufgrund Wechsels in der Rechtsstellung. Anmerkung zur jüngeren BFH-Rechtsprechung zu § 15a EStG; Finanz-Rundschau 2004, S. 677 - 685.

Nieskens, Hans; Die Bilanzierung und Bewertung von Beteiligungen an Personenhandelsgesellschaften im handelsrechtlichen Jahresabschluss; Die Wirtschaftsprüfung 1988, S. 493 - 502.

Paus, Bernhard; Die entgeltliche und unentgeltliche Übertragung von Mitunternehmeranteilen und Anteilen an Einzelunternehmen; Die steuerliche Betriebsprüfung 2004, S. 357 - 362 sowie 2005, S. 15 - 19 und S. 48 - 52.

Paus, Bernhard; Verluste und negatives Kapitalkonto beim Kommanditisten. Vorhandene Regelungslücken bieten Gestaltungsmöglichkeiten; Neue Wirtschaftsbriefe (NWB) Fach 3, 13171 - 13192.

Prinz, Ulrich/ Thiel, Uwe; § 15a EStG und Sonderbetriebsvermögen; Deutsches Steuerrecht 1994, S. 341 - 346.

Prinz, Ulrich/ Thiel, Uwe; Zur Anbindung von Ergänzungsbilanzen bei mehrstufigen Personengesellschaften; Finanz-Rundschau 1992, S. 192 - 195.

Raupach, Arndt/ Böckstiegel, Martin; Die Verlustregeln des Steuerentlastungsgesetzes 1999/2000/2002; Finanz-Rundschau 1999, S. 487 - 503, 557 - 573, 617 - 628.

Reiß, Wolfram; Bilanzierung von Beteiligungen an Personengesellschaften; Deutsches Steuerrecht 1998, S. 1887 - 1890.

Reiß, Wolfram; Ertragsteuerliche Behandlung von Gesamthandsbeteiligungen und Beteiligungserträgen; Steuer und Wirtschaft 1986, S. 232 - 255.

Reiß, Wolfram; Grundprobleme der Besteuerung von Personengesellschaften; Die Steuerberatung 1999, S. 356 - 371 und 417 - 421.

Ritzrow, Manfred; Ergänzungsbilanzen; Steuer-Warte 2004, S. 45 - 52.

Rodewald, Jörg; Erhöhung des ausgleichsfähigen Verlusts nach § 15a EStG durch Übernahme von Verlusten der Kommanditgesellschaft durch den Kommanditisten; GmbH-Rundschau 2004, S. 563 - 564.

Rogall, Matthias; Die Funktionsweise des § 15a EStG - zur Notwendigkeit, Anzahl und Fortentwicklung von Korrektur- und Merkposten; Betriebs-Berater 2004, S. 1819 - 1823.

Roser, Frank; Die Gewinnermittlung bei doppelstöckigen Personengesellschaften. Welche Besonderheiten zu beachten sind!; Der Ertragsteuerberater 2006, S. 149 - 151.

Schlagheck, Markus; Handels- und bilanzsteuerrechtliche Behandlung von Beteiligungen an Personenhandelsgesellschaften; Buchführung - Bilanz - Kostenrechnung (BBK) Fach 14, S. 1375 - 1384.

Schmid, Reinhold; Steuerbilanzielle Fragestellungen bei Sonderbetriebsvermögen im Verhältnis von Obergesellschaft zu Untergesellschaft bei doppelstöckigen Personengesellschaften; Deutsches Steuerrecht 1997, S. 941 - 948.

Schmidt, Axel; Leistungsbeziehungen bei doppelstöckigen Personengesellschaften; Deutsches Steuerrecht 1990, S. 164 - 170.

Schmidt, Ludwig; Bemerkungen zur jüngsten Rechtsprechung des BFH zu § 15a EStG und deren mögliche Konsequenzen. Festbeitrag zum 65. Geburtstag von Adalbert Uelner am 27. Oktober 1992; Deutsche Steuer-Zeitung 1992, S. 702 - 706.

Schmidt, Lutz/ Hageböke, Jens; Gewerbesteuer bei der Veräußerung eines Mitunternehmeranteils an einer Obergesellschaft einer doppelstöckigen Personengesellschaft nach § 7 Satz 2 Nr. 2 GewStG; Der Betrieb 2003, S. 790 - 794.

Schneeloch, Dieter; Zur Vermeidung von Nachteilen nach dem Bilanzrichtlinien-Gesetz; Deutsches Steuerrecht 1986, S. 807 - 814.

Schön, Wolfgang; Der Gewinnanteil des Personengesellschafters und das Einkommen der Personengesellschaft; Steuer und Wirtschaft 1988, S. 253 - 261.

Schön, Wolfgang; Gewinnübertragungen nach § 6b EStG zwischen Kapital- und Personengesellschaft in Handels- und Steuerbilanz; Finanz-Rundschau 1994, S. 658 - 668.

Schön, Wolfgang; Zum Stande der Lehre vom Sonderbetriebsvermögen; Deutsches Steuerrecht 1993, S. 185 - 194.

Schulze-Osterloh, Joachim; Bemerkungen zur Diskussion um das negative Kapitalkonto des Kommanditisten; Finanz-Rundschau 1979, S. 247 - 250.

Schulze zur Wiesche, Dieter; Mitunternehmerschaft und Mitunternehmerstellung; Der Betrieb 1997, S. 244 - 247.

Seer, Roman; Die ertragsteuerliche Behandlung der doppelstöckigen Personengesellschaft unter besonderer Berücksichtigung des Steueränderungsgesetzes 1992; Steuer und Wirtschaft 1992, S. 35 - 47.

Seibold, Felix; Zur Anwendung des § 15a EStG bei doppelstöckigen Personengesellschaften; Deutsches Steuerrecht 1998, S. 438 - 442.

Sieker, Susanne; Verfassungsmäßigkeit des § 15a EStG im Falle nachträglicher Einlageleistung des Kommanditisten; Finanz-Rundschau 1988, S. 453 - 467.

Sieker, Susanne; Zur Bilanzierung von Beteiligungen an Personenhandelsgesellschaften im Jahresabschluss der Kapitalgesellschaft; Zeitschrift für Wirtschaftsrecht und Insolvenzpraxis (ZIP) 1990, S. 1455 - 1461.

Söffing, Dieter/ Wrede, Friedrich; Das Gesetz zur Änderung des EStG, des KStG und anderer Gesetze; Finanz-Rundschau 1980, S. 365 - 384.

Söffing, Günter/ Jordan, Günther; Nießbrauch an einem Unternehmeranteil; Betriebs-Berater 2004, S. 353 - 355.

Söhn, Hartmut; Einheitliche und gesonderte Feststellung bei „doppelstöckigen Personengesellschaften"; Steuer und Wirtschaft 1999, S. 328 - 334.

Stegemann, Dieter; Ausgewählte Einzelfragen zur doppel- bzw. mehrstöckigen Personengesellschaft; Die Information für Steuerberater und Wirtschaftsprüfer (INF) 2003, S. 266 - 271.

Sundermeier, Bernd; Die mehrstöckige Personengesellschaft im Licht des § 15a EStG; Deutsches Steuerrecht 1994, S. 1477 - 1480.

Theile, Carsten; Ausweisfragen beim Jahresabschluss der GmbH & Co. KG nach neuem Recht; Betriebs-Berater 2000, S. 555 - 561.

Tipke, Klaus; Die Grundprobleme der Personengesellschaft im Steuerrecht. Zum Thema der Wiener Jahrestagung der Deutschen Steuerjuristischen Gesellschaft; Steuer und Wirtschaft 1978, S. 193 - 202.

Uelner, Adalbert/ Dankmeyer, Udo; Die Verrechnung von Verlusten mit anderen positiven Einkünften nach dem Änderungsgesetz vom 20. August 1980 (sog. § 15a-Gesetz); Deutsche Steuer-Zeitung 1981, S. 12 - 24.

Volk, Gerrit; Der Einfluss der Betriebsgröße auf die Besteuerung; Der Betrieb 1986, S. 2504 - 2508.

Wrede, Friedrich; Beteiligungen an Personenhandelsgesellschaften in der Handelsbilanz und der Steuerbilanz; Finanz-Rundschau 1990, S. 293 - 302.

Beiträge in Festschriften und Sammelbänden

Bolk, Wolfgang; Beschränkung des Verlustausgleichs (§ 15a EStG); in: *Bornfelder, Peter (Hrsg.);* Steuergerechtigkeit durch Steuervereinfachung: Festschrift zum 20jährigen Bestehen der Fachhochschule für Finanzen in Nordrhein-Westfalen in Nordkirchen; Baden-Baden 1997, S. 47 - 77.

Busse von Colbe, Walther; Bewertung als betriebswirtschaftliches Problem. Betriebswirtschaftliche Grundüberlegungen; in: *Raupach, Arndt (Herausgeber);* Werte und Wertermittlung im Steuerrecht. Steuerbilanz, Einheitsbewertung, Einzelsteuern und Unternehmensbewertung, 7. Tagungsband der Deutschen Steuerjuristischen Gesellschaft e.V.; Köln 1984, S. 39 - 53.

Crezelius, Georg; Der Mitunternehmerbegriff - ein Chamäleon?; in: *Raupach, Arndt/ Uelner, Adalbert (Herausgeber);* Ertragsbesteuerung. Zurechnung - Ermittlung - Gestaltung. Festschrift für Ludwig Schmidt zum 65. Geburtstag; München 1993, S. 355 - 377.

Groh, Manfred; § 39 AO und die Gewinnermittlung für Mitunternehmer; in: Jahrbuch der Fachanwälte für Steuerrecht 1983/84; S. 255 - 267.

Meincke, Jens Peter; Bewertung als Rechtsproblem; in: *Raupach, Arndt (Herausgeber);* Werte und Wertermittlung im Steuerrecht. Steuerbilanz, Einheitsbewertung, Einzelsteuern und Unternehmensbewertung, 7. Tagungsband der Deutschen Steuerjuristischen Gesellschaft e.V.; Köln 1984, S. 7 - 38.

Meßmer, Kurt; Die Bilanzbündeltheorie. Eine meisterhafte Schöpfung der Rechtsprechung; in: Steuerberater-Jahrbuch 1972/73, S. 127 - 205.

Meßmer, Kurt; Die Gesellschafter und der Mitunternehmer des § 15 Absatz 1 Nr. 2 EStG; in: *Knobbe-Keuk, Brigitte/ Klein, Franz/ Moxter, Adolf (Herausgeber);* Handelsrecht und Steuerrecht. Festschrift für Georg Döllerer; Düsseldorf 1988, S. 429 - 446.

Pezzer, Heinz-Jürgen; Bilanzierungsprinzipien als sachgerechte Maßstäbe der Besteuerung; in: *Doralt, Werner (Herausgeber);* Probleme des Steuerbilanzrechts, 14. Tagungsband der Deutschen Steuerjuristischen Gesellschaft e.V.; Köln 1991, S. 3 - 27.

Priester, Hans-Joachim; Die faktische Mitunternehmerschaft - ein gesellschaftsrechtliches Problem; in: *Raupach, Arndt/ Uelner, Adalbert (Herausgeber)*; Ertragsbesteuerung. Zurechnung - Ermittlung - Gestaltung. Festschrift für Ludwig Schmidt zum 65. Geburtstag; München 1993, S. 331 - 353.

Reiß, Wolfram; Phasengleiche Gewinnrealisierung bei Beteiligung an Personengesellschaften; in: *Herzig, Norbert (Herausgeber)*; Europäisierung des Bilanzrechts. Konsequenzen der Tomberger-Entscheidung des EuGH für die handelsrechtliche Rechnungslegung und die steuerliche Gewinnermittlung; Köln 1997, S. 117 - 140.

Sarrazin, Viktor; Die mehrstöckige Personengesellschaft - § 15 Abs. 1 S. 1 Nr. 2 EStG i.d.F. des Steueränderungsgesetzes 1992 -; in: *Raupach, Arndt/ Uelner, Adalbert (Herausgeber)*; Ertragsbesteuerung. Zurechnung - Ermittlung - Gestaltung. Festschrift für Ludwig Schmidt zum 65. Geburtstag; München 1993, S. 393 - 401.

Schmidt, Ludwig; Steuerrechtliche Gewinnermittlung und -zurechnung bei doppelstöckigen Personengesellschaften. - Versuch einer Bestandsaufnahme für die Praxis -; in: *Ballwieser, Wolfgang/ Böcking, Hans-Joachim/ Druharczyk, Jochen/ Schmidt, Reinhard H. (Herausgeber)*; Bilanzrecht und Kapitalmarkt. Festschrift zum 65. Geburtstag von Professor Dr. Dr. hc. Dr. hc. Adolf Moxter; Düsseldorf 1994, S. 1109 - 1125.

Schulze-Osterloh, Joachim; Die Personengesellschaft als Bilanzierungssubjekt und Bilanzierungsobjekt; in: *Institut der Wirtschaftsprüfer (IdW)*; Personengesellschaft und Bilanzierung; Düsseldorf 1990, S. 129 - 146.

Schulze-Osterloh, Joachim; Zivilrechtliche Theorien in der neueren Rechtsprechung des Bundesfinanzhofes zum Ertragsteuerrecht; in: *Raupach, Arndt/ Uelner, Adalbert (Herausgeber)*; Ertragsbesteuerung. Zurechnung - Ermittlung - Gestaltung. Festschrift für Ludwig Schmidt zum 65. Geburtstag; München 1993, S. 305 - 314.

Wacker, Roland; Vertrautes und Neues zu § 15a EStG; in: *Crezelius, Georg/ Hirte, Heribert/ Vieweg, Klaus (Herausgeber)*; Gesellschaftsrecht - Rechnungslegung - Sportrecht. Festschrift für Volker Röhricht zum 65. Geburtstag; Köln 2005, S. 1079 - 1093.

Entscheidungsanmerkungen

Bordewin, Arno; Gewerbesteuerlicher Verlustabzug bei Umwandlung einer einstöckigen in eine doppelstöckige Kommanditgesellschaft - Anmerkung zum BFH-Urteil vom 26.06.1996, VIII R 41/95 -; Deutsches Steuerrecht 1996, S. 1594 - 1596.

Carlé, Dieter; „Vorgezogene Einlage" sowie Wechsel von der beschränkten zur unbeschränkten Haftung und umgekehrt - § 15a EStG. Urteile des BFH vom 14.10.2003, VIII R 32/01, DStR 2004, 24; v. 14.10.2003, VIII R 38/02, DStR 2004, 31; v. 14.10.2003, VIII R 81/02, DStR 2004, 29; Beratersicht zur Steuerrechtsprechung (Quartalsbeilage EFG/HFR), S. 3 - 4.

Fischer, Peter; „Faktisches", „Verdecktes" und die subjektive Zurechnung von Einkünften. Zum Urteil des BFH v. 16.12.1997 - VIII R 32/90, FR 1998, 659; Finanz-Rundschau 1998, S. 813 - 821.

Groh, Manfred; Sondervergütungen in der doppelstöckigen Personengesellschaft. - Anmerkung zum BFH-Beschluss vom 25.2.1991 GrS 7/89, DB 1991 S. 889 -; Der Betrieb 1991, S. 879 - 884.

Hempe, Richard/ Siebels, Renate/ Obermaier, Marion; Präzisierung der § 15a EStG-Abzugsbeschränkung durch den BFH. - Weitere Anmerkung zum BFH-Urteil vom 14.10.2003 VIII R 32/01 -; Der Betrieb 2004, S. 1460 - 1463.

Hettler, S.; Anwendung von § 15a EStG auf doppelstöckige Personengesellschaften. BFH, Beschluss v. 18.12.2003 - IV B 201/03; Kommentierte Finanzrechtsprechung 2004 (NWB Fach 3), S. 179 - 180.

Kolbeck, Johannes; Der Begriff des Kapitalkontos im Sinne des § 15a EStG. - Auswirkungen des BFH-Urteils vom 14.5.1991 VIII R 31/88 -; Der Betrieb 1992, S. 2056 - 2060.

Paus, Bernhard; Verrechenbare Verluste nach Übernahme der unbeschränkten Haftung. Anmerkungen zu dem BFH-Urteil vom 14.10.2003 VIII R 38/02; Deutsche Steuer-Zeitung 2004, S. 448 - 450.

Raupach, Arndt; Gewinnanteil und Sondervergütungen der Gesellschafter von Personengesellschaften. Zur Entscheidung des Großen Senats v. 25.2.1991 GrS 7/89 über die Besteuerung der doppelstöckigen KG; Steuer und Wirtschaft 1991, S. 278 - 283.

Schmidt, Ludwig; Anmerkung zu BFH vom 19.05.1987 VIII B 104/85; Finanz-Rundschau 1987, S. 594 - 595.

Wacker, Roland; Anmerkung zu BFH vom 14.10.2003 VIII R 32/01; Höchstrichterliche Finanzrechtsprechung 2004, S. 135 - 136.

Wacker, Roland; „Vorgezogene Einlagen" und § 15a EStG. - Erste Anmerkungen zum BFH-Urteil vom 14.10.2003 VIII R 32/01 -; Der Betrieb 2004, S. 11 - 16.

Wendt, Michael; Kommentar zu BFH, Beschluss vom 31.8.1999 - VIII B 74/99; Finanz-Rundschau 1999, S. 1311.